Heinrich Begiebing

Die Jagd im Leben der salischen Kaiser

EHV
HISTORY

Heinrich Begiebing

Die Jagd im Leben der salischen Kaiser

ISBN/EAN: 9783955644420

Auflage: 1

Erscheinungsjahr: 2013

Erscheinungsort: Bremen, Deutschland

EHV
HISTORY

Die Jagd im Leben der salischen Kaiser.

Von

Dr. Heinrich Begiebing.

Bonn,
P. Hansteins Verlag.
1905.

Vorwort.

Die vorliegende Schrift hat die Bestimmung, ein Bild von der Jagdliebe der salischen Kaiser zu geben, den Einfluss zu schildern, welchen die Jagd auf das Leben und Treiben des königlichen Hofes ausübte, und gleichzeitig in bescheidenem Masse einen Beitrag zu einer allgemeinen Jagdgeschichte der deutschen Kaiser zu liefern, deren Herausgabe für die Geschichtswissenschaft von grosser Wichtigkeit und für weite Kreise von nicht geringem Interesse sein dürfte. Wenn meine Schrift sich auch hauptsächlich auf historischem beziehungsweise kulturhistorischem Gebiete bewegt, so erwies es sich im Verlaufe der Arbeit doch als notwendig, sich auch über Angelegenheiten wirtschaftlicher sowie naturwissenschaftlicher Natur ein Urteil zu bilden. Welche Schwierigkeiten und welche Gefahren es bringen kann, auf den Grenzgebieten mehrerer Wissenschaften zu arbeiten, dessen bin ich mir durchaus bewusst. Meine Bitte geht deshalb dahin, bei der Kritik dieser Arbeit entsprechende Nachsicht walten zu lassen.

Während der Drucklegung dieser Schrift wurde ich durch Herrn Prof. Dr. A. Schulte noch auf eine Karte [1]) aufmerksam gemacht, welche die Verbreitung des Waldes und des Lösses in Mittel-Europa klar und deutlich zur Anschauung bringt.

Ein Teil dieser Arbeit, und zwar das III. Kapitel, ist unter dem Titel „Die königlichen Pfalzen als Jagdaufenthalte der salischen Kaiser“ als Dissertationsschrift gedruckt worden.

---

[1]) Ernest Lavisse, Histoire de France I. 1. Paris 1903: France et Europe Centrale, Carte pour servir a l'histoire de l'occupation du sol.

Es ist mir eine angenehme Pflicht, allen, welche mir bei der Anfertigung der Arbeit irgendwie behülflich waren, für ihre freundliche Unterstützung meinen verbindlichsten Dank auszusprechen, namentlich den Herren Rektor A. Goebel in Emmerich, Prof. Dr. J. Kirschkamp in Bonn, Privatdozent Dr. Levison in Bonn, Rentner R. Schiffmann in Bonn und Prof. Dr. Werner in Frankfurt a. Main. Das Königliche Oberbergamt zu Bonn gestattete mir bereitwilligst, aus seiner Bibliothek die geologischen Messtischblätter zu benutzen. Vor allen aber bin ich meinem hochverehrten Lehrer, Herrn Prof. Dr. A. Schulte, zu herzlichstem Danke verpflichtet für die Anregung, die er zur vorliegenden Arbeit gegeben hat, und für die unermüdliche, liebenswürdige Förderung derselben, sowie für das rege Interesse, das er stets an meinem Studium genommen hat.

Bonn, im Dezember 1904.

Heinrich Begiebing.

Inhalt.

Seite

Einleitung . . . . 1—4

Die Jagd, das Vergnügen der Fürsten. — Die deutschen Kaiser als Jäger in Poesie und Legende. — Die Jagdliteratur des Mittelalters. — Die Jagd als Wissenschaft.

I. Kapitel: **Der Wald** . . . . 5—12

Die natürliche Verbreitung des Waldes. — Die gegenwärtige Verbreitung des Waldes. — Laub- und Nadelwald in Gegenwart und Vergangenheit. — Rodungen. — Ortsnamen zur Bezeichnung für Rodungen. — Ortsanlage als Anhalt für Rodungen.

II. Kapitel: **Die Jagd** . . . . 12—37

Die Wanderungen und die Ernährung des Hofes. — Servitienverzeichnis aus der Zeit Heinrichs IV. — Aufenthaltsorte der Könige. — Die Vergnügungen in der salischen Zeit. — Die Jagd als Sport. — Die Erziehung des jungen Ritters. — Die Jagd als Wissenschaft. — Jagdhunde. — Jagdwaffen. — Jagdarten. — Hetzjagd. — Pirschjagd. — Beize. — Streit der Jäger und Falkner. — Vogelfang. — Fischfang. — Fang von Raubtieren. — Jagdkleidung. — Das Amt des Jägermeisters. — Die jagdbaren Tiere. — Wisent. — Ur. — Elentier. — Schelch. — Wildpferd. — Wolf. — Bär. — Luchs u. s. w. — Die Jagdzeit. — Das Jagdrecht. — Einzelne Kaiser als Jäger. — Karl der Grosse. — Ludwig der Fromme. — Heinrich I. — Konrad II. — Heinrich III. — Heinrich IV. — Heinrich V. — Nachrichten von Pfalzen und Wäldern aus der Merowingerzeit.

III. Kapitel: **Die Pfalzen** . . . . 38—89

Allgemeine Bemerkungen über die Rheinprovinz. — Klima. — Geologisches. — Höhenlage. — Waldbestand. — Ortschaften als Rodungen. — Waldrodungen im allgemeinen. — Aachen. — Cöln. — Kaiserswerth. — Nymwegen. — Utrecht. — Trier. —

Einleitung.

Wie sehr die Jagd heute ein Vergnügen der Fürsten ist, ist allgemein bekannt; für die frühere Zeit, in der viele der modernen Fürstenvergnügen, wie Theater, Paraden und Segelfahrten noch nicht vorhanden waren, sehen wir es aus den mannigfachen Zeugnissen der Geschichtsschreiber, nicht zum wenigsten des Mittelalters.

In der Zeit des Mittelalters, und namentlich des frühesten, galt die Jagd mehr wie heute als ein Hochgenuss deutscher Fürsten. Sie wurde jedoch nicht allein als eine edle Leidenschaft betrieben, auch praktische Gründe zwangen gleichsam zur Ausübung des Waidwerks. Man muss wohl daran denken, dass es sich darum handelte, die gefährlichen Raubtiere, welche die Wälder unsicher machten, zu erlegen und anderseits darum, Vorrat an Wildpret in des Herrn Küche zu liefern. Wildpret und Geflügel waren nämlich die Herrenspeise, während Schweinefleisch und Rindfleisch mehr für die Bauernnahrung galt. Wildpret zu essen, war den Bauern verboten[1]). Inwiefern man jedoch dem Verbote nachkam, das ist eine andere Frage. „Die Bauern liessen sich gegen Ende des 13. Jahrhunderts zum grossen Ärger des Adels Delikatessen ebenso gut schmecken, als die vornehmen Herren[2]).

---

1) A. Schultz, Das höfische Leben zur Zeit der Minnesänger, p. 439.

2) A. Schultz p. 439. Seifr. Helbl. VIII, 874: Ir sült daz land setzen hie, als iz der herzog Luigolt liez. Die gebûren ertragen hier Knütel für die hunde; Daz swert man in niht gunde. Noch den langen mîsicar (misericordia, Dolch). Man schuof in zeiner lîpnar Vleisch unde krût, gerstbrîn; An wildpraet solden sie sîn: Zem vasttag hanf, lins unde bôn; Visch und öl sie liezen schôn Die herren ezzen, daz was sit. Nu ezzent sie den Herren mit, Swaz man guotes vinden mac.

Die Poesie und Legende zaubern uns unsere Kaiser im Walde bei wilder Jagd vor, stellen sie uns dar, wie sie mit der Meute durch den dunklen Tann dahinjagen:

„Auf's Waidwerk hinaus ritt ein edler Held,
Den flüchtigen Gemsbock zu jagen,
Ihm folgte der Knapp mit dem Jägergeschoss, . . .“

Bekannt ist auch Pyrkers „Der Graf von Habsburg“:

„Der laubige Hochwald
Trieft, der Giessbach rauscht, von dauerndem Regen geschwollen.
Sieh, dort ruhete nun, aus dem Sattel gestiegen, ein Ritter
Nach ermüdendem Waidwerk aus. Von dem feurigen Antlitz
Strahlt ihm der Heldenmut.“

Das Abenteuerliche, welches die Kaiser auf der Jagd erleben, die Kraft und die Gewandtheit, der Mut und die Unerschrockenheit, die sie immer an den Tag legen, alles das ist für den Dichter zum Vorwurf geworden.

„Dort pfeifet die Gemse! Ha, springe nur vor;
Nach setzt der Jäger und fliegt empor!
Gähnt auch die Kluft
Schwarz, wie die Gruft;
Nur hinüber, hinüber im leichten Schwung!
Wer setzet mir nach? 'S war ein Kaiser-Sprung!“ [1])

Von allen gekannt und gar oft gesungen ist „Heinrich der Vogler“ von Vogl:

„Herr Heinrich sitzt am Vogelherd
Recht froh und wohlgemut.“

Noch manche Stätte trägt in ihrem Namen eine Erinnerung an jene Zeit, da die deutschen Kaiser und Könige dortselbst der Jagd auf Ur und Schelch, auf Bär und Wolf, auf Luchs und Eber oblagen, und manche Sage klingt aus jener Zeit in unsere Tage herüber. Beim „Kaiser Heinrich“ am Weissenwasser bei Schulenburg, so erzählt die eine, ergötzte sich Heinrich I. am Finkenherde; von Goslar aus, so erzählt eine andere, jagte Otto I. mit seinem Jäger Ram am Rammelsberge,

---

[1]) H. J. v. Collin, Kaiser Max auf der Martinswand in Tirol.

und gleichfalls weist die Bezeichnung „König Heinrichs Vogelherd" bei Pöhlde uns auf den Ort hin, wo Heinrich dem Vogelfang obgelegen haben soll.

An Schriften über die Jagd ist die Literatur des Mittelalters reich, auch Kaiser Friedrich II. verfasste einen Tractat de arte venandi cum avibus. Die gesamte gedruckte Jagdliteratur sucht anzugeben:

Kreysig, Bibliotheca scriptorum venaticorum. Altenburg 1750. Er ist überholt durch Leblanc, Catalogue des livres, dessins et estampes de la bibliothèque de feu M. J. B. Huzard. Paris 1842. Eine neuere Sammlung ist das Werk von Souhart, Bibliographie générale des ouvrages sur la chasse, la vénerie et la fauconnerie, publiés ou composés depuis XVe siècle jusqu'à ce jour en français, latin, allemand, anglais, espagnol, italien etc. avec des notes critiques et l'indication de leur prix et de leur valeur dans les différentes ventes. Paris, P. Roquette, 1886.

Von grosser Wichtigkeit ist noch:

H. Werth, Altfranzösische Jagdlehrbücher nebst Handschriftenbibliographie der abendländischen Jagdliteratur überhaupt. Zeitschrift für romanische Philologie XII. 1888.

Eine Bibliographie der Handschriften sowie der Drucke, die über die Beize handeln, versucht Sachs in seiner Ausgabe von Daude de Pradas auzels cassadors. Brandenburg, 1865, p. 7—9.

Für die Beize ist noch zu nennen:

Schlegel van Wulverhorst, Traité de fauconnerie. Leyden-Düsseldorf, 1844—53.

Ferner ist hier zu erwähnen der Artikel „Beize" in der Allgemeinen Encyklopaedie der gesamten Forst- und Jagdwissenschaften von Ernst Ritter von Dombrowski (1886), in welchem die Literatur des Mittelalters über die Beizjagd angegeben wird.

Gautier sagt, dass die Jagd während des Mittelalters sogar als Wissenschaft behandelt wurde, eine Wissenschaft[1]), die dem jungen Adeligen jener Zeit ungleich sympathischer war, als dasjenige, was wir heute darunter verstehen[2]).

---

[1]) Gautier, La chevalerie, Paris 1895. p. 149.

[2]) (de la chasse.) Ce dernier trait, dois-je le dire? est le seul qui frappe l'enfant féodal; c'est le seul qu'il comprenne. La chasse faisant partie des grandes connaissances humaines, la chasse passant à l'état de science! Gautier, p. 149.

Eine Geschichte der Jagd der deutschen Könige zu schreiben, liegt bedeutend jenseits der uns gesteckten Grenzen. Wir wollen uns dahin beschränken, zu untersuchen, welche Rolle die Jagd im Leben des salischen Hauses, eines unserer Kaisergeschlechter, spielte. Ehe wir aber hiermit anfangen, müssen wir zunächst weiter zurückgreifen.

I. Kapitel.

Der Wald.

Fast alle Pfalzen liegen in unmittelbarer Nähe von Wäldern. Eine in waldloser Gegend gelegene Pfalz fällt dem Perceval als ein „assis en gaste liu“ auf[1]). Es wird eine sich lohnende Aufgabe sein, zu untersuchen, wie es in dieser Hinsicht mit den Pfalzen der Salier stand, namentlich mit denjenigen, welche die Kaiser häufig besuchten. Zu diesem Zwecke zunächst einiges über den allgemeinen Waldbestand in jener Zeit.

Fragen wir uns nun, welches ist die natürliche Verbreitung des Waldes in Deutschland, so können wir sagen, von Natur ist ganz Deutschland Waldgegend, nur sehr wenige Waldblössen werden ursprünglich vorhanden gewesen sein[2]). Mit der zunehmenden Bevölkerung natürlich wurde der Urwald mehr und mehr gelichtet. Auch nimmt der Wald von Natur gegen die Nordsee ab, weil der Baumwuchs durch die Stürme gehemmt und verkrüppelt wird. Die deutschen Gebirge sind in der Regel so stark bewaldet, dass dieses sie wahrhaft

---

1) Perceval le Gallois, ou le conte du Graal p. p. Ch. Potwin. Mons 1871. 21937—54. Citat von Ernst Bormann, Die Jagd in den altfranzösischen Artus- und Abenteurerromanen. (Stengel, Rom. Phil. LXVIII 1887).

2) Vgl. Rob. Gradmann, Das mitteleuropäische Landschaftsbild nach seiner geschichtlichen Entwicklung in der „Geographischen Zeitschrift“ von A. Hettner, Jahrg. 7. 1901, p. 366: „Und da erhalten wir nun tatsächlich das Bild eines zusammenhängenden Urwalds, der sich von den Alpen bis zur Nord- und Ostsee, von der atlantischen Küste bis zu den Pussten Ungarns und den Steppen Südrusslands erstreckt und sich weiter im Norden in den sibirischen Waldgürtel fortsetzt. Nur von wenigen Lücken ist dieser Urwald durchbrochen.“

charakterisiert und in den Benennungen derselben die Endsilbe „Wald“, nicht bloss eine waldige Gegend, sondern ein Gebirge, wie in Schwarzwald, Odenwald, Westerwald, Thüringerwald, bezeichnet.

Durch die Beobachtung der Gegenwart finden wir das Verständnis für die Vergangenheit. Im Jahre 1900 [1]) waren fast 26 % von der Gesamtbodenfläche des Deutschen Reiches Waldland, nämlich 14 Mill. ha; davon kommen etwa $9^1/_2$ Mill. ha auf Nadelwald, $4^1/_2$ Mill. ha auf Laubwald, wobei zu bemerken ist, dass der Bestand an Nadelholz zunimmt, der an Laubholz abnimmt, da meistens die Laubwaldrodungen mit Nadelholz wieder angepflanzt werden. Von Preussen [2]) ist am stärksten bewaldet Hessen-Nassau mit 40 % Waldboden, dann folgen Brandenburg und Rheinland, Schlesien und Westfalen. Unter dem Durchschnitt stehen Hannover, Ost- und Westpreussen, Posen, Pommern und Sachsen. Alle diese haben aber — bis auf Ostpreussen — eine Zunahme der Bewaldung erfahren.

Die nicht preussischen Staaten haben ein sehr grosses Waldgebiet; in Bayern, Württemberg, Baden, Elsass-Lothringen, also in ganz Süddeutschland, ferner in Hessen, Sachsen-Koburg-Gotha und Braunschweig betrug die Waldfläche über 30 % der Bodenfläche, in Sachsen-Meiningen sogar 42 %, das somit das waldreichste deutsche Land ist. In Bayern und Sachsen hat die Bewaldung stark abgenommen, in Baden, Oldenburg und Mecklenburg dagegen verhältnismässig stark zugenommen.

Trotz der immer zunehmenden Abnahme ist der Laubwald in Deutschland noch stark vertreten, namentlich im Westen; der bessere Boden und das ozeanische Klima mögen die Ursache sein. Die Wirkung des ozeanischen Klimas auf den Wald finden wir auch im übrigen Europa.

Russland hat 11 % Laubwald, Deutschland 30 %, Westdeutschland 50 % und Frankreich 90 %.

In grossen Zügen kann man sagen, dass der Laubwald charakteristisch ist für das westliche deutsche Mittelgebirge, während die anspruchslose Kiefer die diluvialen Sandflächen

---

[1]) Vierteljahrsschrift zur Statistik des Deutschen Reichs.

[2]) Vgl. Übersichtskarte der Waldungen Preussens. Amtlich. 8 Blätter.

des Nordens bedeckt und auf dem diluvialen Lehm Ostpreussens sowie in höheren Lagen die Fichte herrscht[1]).

In der Laubwaldmasse spielen Buchen die Hauptrolle und bilden vom Reiche 42% der Laubholzfläche, während Eichen bloss 10%, Birken, Erlen, Aspern etc. ebensoviel einnehmen, und der Rest auf Mittel- und Niederwald fällt. Dass unter letzteren der Eichenschälwald in den Rheingegenden (Rheinprovinz mit Grossherzogtum Hessen und Birkenfeld) so grosse Prozente einnimmt, mag im Zusammenhang stehen mit den Haubergsgenossenschaften, indem die dichte Bevölkerung gezwungen war, auch den Wald periodisch zum Ackerbau zu gebrauchen. Der deutsche Hochwald ist also, insofern er Laubwald ist, vorzugsweise Buchenwald.

Dieses ist der gegenwärtige Stand der Waldungen. Sicher ist, dass in früheren Zeiten in Deutschland mehr Laubwald war, als heute. Laubwald wächst auf besserem Boden und wurde daher mehr gerodet. von Berg hat in seiner „Geschichte der deutschen Wälder" eine Zusammenstellung der Ortsnamen gemacht, die auf die Beschaffenheit der Bäume hindeuten, und er hat gefunden, dass in 6115 Ortsnamen das Laubholz und in 790 das Nadelholz massgebend ist[2]).

„Die Nadelhölzer waren viel weniger verbreitet als heutzutage. In Westdeutschland vom Mittelrhein an nordwärts gab es überhaupt keine Nadelwälder; in der norddeutschen Tiefebene beschränkte sich die jetzt überall herrschende Kiefer fast ausschliesslich auf das Land östlich der Elbe. Fichte und Tanne waren reine Gebirgsbäume (abgesehen jedenfalls von Ostpreussen); in den Alpenländern, im Schweizer Jura,

---

[1]) Vgl. H. Hausrath, Die Verbreitung der wichtigsten einheimischen Waldbäume in Deutschland, in der „Geographischen Zeitschrift" von A. Hettner, Jahrg. 7. 1901. p. 628.: „Trennen wir nach Laub- und Nadelholz, so können wir sagen, das erstere wiegt vor in Schleswig-Holstein, dem rheinischen Schiefergebirge, dem Hunsrück, der Pfälzer Hardt, den Vogesen und der lothringischen Hochebene, in der schwäbischen Alb, den Fildern und dem Hügellande zwischen Neckar und Main, im Odenwald und Welzheimer Wald, ferner im Steigerwald, Spessart, in der Rhön, dem Vogelsberg, dem Taunus, der Thüringer Mulde, dem Solling, Süntel und Deister. Im ganzen übrigen Deutschland herrscht das Nadelholz vor, in der Ebene die Kiefer, in den Gebirgen Fichte und Tanne."

[2]) von Berg, Die Geschichte der deutschen Wälder, p. 145.

im Schwarzwald und Wasgenwald, im östlichen Teil der fränkischen Keuperhöhen, im Böhmerwald, Thüringerwald und Harz bildeten sie schon damals mächtige Wälder. Dagegen stellten Nordwestdeutschland, das mittelrheinische Gebirgssystem, das hessische Bergland, Spessart und Odenwald nebst dem schwäbischen Unterland reine Laubholzgebiete dar"[1]).

Schlechte Waldwirtschaft hat im 17. und 18. Jahrhundert die Ausbreitung der Nadelhölzer begünstigt, die Entwertung des Brennholzes im 19. den Anbau derselben gewinnbringender erscheinen lassen als die Pflege der Buche, und so kommt es, dass heute die Nadelhölzer zwei Drittel der Waldfläche einnehmen, die einst herrschenden Laubbäume auf ein Drittel derselben zurückgedrängt sind[2]). Ob aber jemals der Laubwald vorherrschte, ist die Frage. Unter den Namen der deutschen Gebirge ist keiner, der auf Laubwald hinweist; wohl aber weisen „Schwarzwald" und „Fichtelgebirge" auf Nadelholz hin. Wir begegnen wohl häufig dem Namen „der Tann", aber nicht so oft der entsprechenden Bezeichnung für Laubwald. K. Kretschmer behauptet, ohne jedoch den Beweis dafür erbracht zu haben, dass die Laubhölzer ganz entschieden vorgeherrscht haben und das Verhältnis von Laub- und Nadelwald von damals zu heute genau das Umgekehrte war[3]).

Wie schon erwähnt, hängt die Beschaffenheit des Waldes ab von dem Boden. Buntsandstein, Rotliegendes und Oberkarbon gelten „als ein vorzüglicher Waldboden, aus welchem sich unter günstigen klimatischen Bedingungen ein kräftiger Baumwuchs entwickelt, solange nicht die Wälder durch Streuentnahme ihres Humus beraubt werden." Ein lehrreiches Beispiel hierfür haben wir in dem Spessart, der in seiner Hauptmasse aus Buntsandstein besteht und mit prachtvollen Eichen- und Buchenwaldungen bedeckt ist. Im wenig bewaldeten Vorspessart ist dagegen Gneis und Glimmerschiefer. Ähnliches auch in der Rheinprovinz. Rgbz. Trier zeichnet sich

---

[1]) Rob. Gradmann, Das mitteleuropäische Landschaftsbild nach seiner geschichtlichen Entwickelung, in der „Geographischen Zeitschrift" v. A. Hettner, Jahrg. 7. 1901. p. 439.

[2]) H. Hausrath, Deutschlands Wald im Wechsel der Zeiten. Beil. zur Allg. Zeitg. 284a. 1901.

[3]) K. Kretschmer, Historische Geographie von Mitteleuropa, 1904. p. 155.

aus durch Buntsandstein, und wir finden fast nur Buchenwaldungen, Koblenz durch Grauwacke — Eichenschälwaldung, Düsseldorf durch Sand — Kiefer.

Ein klares Bild von dem früheren Waldbestande können wir uns aber erst dann entwerfen, wenn wir uns alle Gebiete vergegenwärtigen, welche im Laufe der Zeit gerodet worden sind, und diese zu dem jetzigen Bestande hinzuzählen.

Die Volkszahl wuchs, und Rodungen waren nötig. Mit dem praktischen Blick des Bauern wird man schon die besten Stellen für die Rodungen herausgefunden haben. Wie heute der Farmer in Nordamerika weiss, dass der Boden um so besser ist, je mehr Laubwald und je gemischteren Laubwald er trägt, dass überhaupt Laubwald besseren Boden anzeigt, als Nadelwald, so wird diese Kenntnis auch damals nicht gemangelt haben. Man rodete also zuerst den besten Boden, der erreichbar war.

„Der Wildbruch trat aber erst nach voller Sesshaftmachung des Volkes, seit etwa dem 5. bis 6. Jahrhundert, in den Vordergrund. Seitdem ziehen Generationen nachgeborener Söhne in den Urwald und sengen und roden. Das 7. und 9. Jahrhundert sah einen grossen Ausbau des Landes in die unerschöpflichen Bestände der Bergwälder. Wie der Freie selbständiger geworden war im heimatlichen Dorf, so ging er auch, nur von eigenen Kräften getragen, nach persönlichem Plan vor[1])[2]).

Jedoch dieser selbständigen Rodung traten die herrschenden staatlichen Mächte entgegen, und es beginnt hiermit eine neue Periode der Rodung. Die erste geschah unter Leitung der Markgenossenschaft und später von dem selbständig gewordenen Manne, die zweite unter der Herrschaft der Fürsten.

Gab es denn noch Wald? Allerdings, sogar noch in sehr grosser Ausdehnung, aber nicht im Besitze desjenigen, der ihn brauchte. Grosse Strecken Waldes und namentlich die Gebirgs-

---

[1]) Lamprecht, Deutsche Geschichte III.

[2]) Über den Erwerb des Eigentums an solchen Niederlassungen im Wald und über die damit verbundenen symbolischen Handlungen berichten zwei\ Angaben aus dem Mittelalter v. 991 u. 1030. Vgl. Schwappach I, p. 148. Forst- und Jagdgeschichte. 991 Ried, Codex chronologicus diplomaticus episcopatus Ratisbonensis I, p. 112. 1030 Monumenta boica X, p. 382.

gegenden waren königliche Bannforste; es entstanden die zahlreichen Reichsforste kraft des Bannrechtes der Könige. Wie der Wald in das Eigentum des Königs gekommen war, kleidet Freidanks „Bescheidenheit“ in die Form:

„Die Fürsten nehmen mit Gewalt
Waid und Wiese, Feld und Wald.“

Zur Rodung war jetzt die königliche Erlaubnis nötig; nur wer die besass, durfte in den grossen Reichsforsten roden. Die Erlaubnis zum Roden wurde von jetzt ab sogar mit einem Zehnten verbunden. Aus dem 11. und 12. Jahrhundert sind zahlreiche Urkunden überliefert, in denen der Rottzehnte verliehen wurde[1]).

Dem Beispiele des Königs folgten die Grossen des Reiches. Auch sie nahmen grosse Strecken des vorhandenen Urwaldes in Besitz kraft ihrer Macht und gestatteten, beziehungsweise leiteten die Rodung.

So konnte noch in der deutschen Kaiserzeit, und vornehmlich im Zeitalter der Salier und der Staufer, eine neue Periode des Waldausbaues einsetzen[2]).

Teilweise geschah sogar des Rodens zu viel. Eine Anzahl der damals durch Rodungen entstandenen Ortschaften ist wieder verschwunden, und manche Wüstung zeigt auf eine in dieser Zeit angelegte Besiedlung hin[3]).

Man ist also, scheinbar wenigstens, in dem Roden der Wälder zu weit gegangen. Vielfach mag man schlechten Boden gerodet haben, wenn der Gutsherr nicht den besten Teil des Waldes der Rodung preisgab, so dass die neu entstandenen Dörfer nicht bestehen konnten. Anderseits mögen auch sonstige Gründe, wie Krieg u. dgl., das Dorf vernichtet haben; oft mag auch die Besiedlung einfach vom nächsten Gutsherrn gelegt sein. So finden wir auf dem Blatte Gerbstädt der Mess-

---

[1]) Lacomblet, Urkundenbuch für Geschichte des Niederrheins, I. no. 151. a. 1018. I. no. 231. a. 1081. I. no. 233. a. 1083. I. no. 236. a. 1085. I. no. 240. a. 1088. I. no. 256. a. 1099. I. no. 298. a. 1124.

[2]) Lamprecht III. 252.

[3]) O. Schlüter, Die Siedelungen im nordöstlicheu Thüringen. Berlin 1903, erhält für sein Gebiet einen Ortschaftsverlust von rund 40%.

tischblätter eine Anzahl von Wüstungen, von denen man bei dem guten Lössboden nicht begreifen kann, wie die Dörfer sich nicht hätten halten können (Reinerträge sind 50—60 Mk. pro ha)[1]).

Dieser Ausbau des Waldes erstreckte sich bis in das 13. Jahrhundert in dieser Form fort. Schon mit dem 12. Jahrhundert traten Rodungsverbote auf, lediglich nur aus Rücksicht auf den Schutz der Bannforste und der damit verbundenen Jagdpflege.

Rodete man damals wirklich zu viel? Wäre es nicht besser gewesen, Millionen von Morgen guten Waldbodens zu Ackerland umzuschaffen und dadurch Millionen von Einwohnern zu gewinnen? Wie steht es denn heute? Heute noch haben wir 7 Millionen Morgen Wald über 15 Silbergroschen und darüber Grundsteuer — Reinertrag, während wir ungefähr ebensoviel Ackerland von 3—15 Silbergroschen Reinertrag haben[2])

Also guter Waldboden liegt brach, während der Bauer sich auf schlechtem Boden, der besser wieder mit Wald anzupflanzen wäre, abmüht.

Noch jetzt kann man die Gegenden erkennen, wo einst die Axt des Holzhauers dem Wald den Boden zur Ackerwirtschaft abgewonnen. Es sind die Orte, welche endigen auf -rott (später: -rode, -rath, -reuth) und -schwende (schwinden machen, meistens mit Feuer), auf -loh (Wald) und -holz, -hardt (haard, hardt, hart), -horst, -strut (meistens in Verbindung mit Laubbäumen), -busch, -forst, -strauch, -hecke, meistens auch auf -feld und -hage (später -hagen und -hain).

Wie kommen wir überhaupt dazu, gerade unter diesen Ortsnamen die Rodungen des 12. und 13. Jahrhunderts zu vermuten?

Allerdings, fast ein jeder Ort, mit nicht allzu grossen Ausnahmen, ist eine Rodung mehr oder weniger. Man mag aber nur die neueren Rodungen mit dem Namen „Rode“ bezeichnet haben. Auch Günther[3]) sagt und weist es an Bei-

---

[1]) Gemeindelexikon.

[2]) Meitzen, Der Boden des preussischen Staates. Bd. 4. Tabelle E.

[3]) Günther, Der Harz in Geschichts-, Kultur- u. Landschaftsbildern. 1888. p. 45.

spielen nach, dass die Ortschaften dieser Art erst um diese Zeit in die historische Erscheinung treten, „dass die meisten erst nach dem Jahre 1200 urkundlich auftreten".

Auch gibt die Anlage des Ortes einen gewissen Anhalt. Man findet viele Strassendörfer darunter, also eine methodische Anlage, die dem ganzen Vorgehen dieser betreffenden Zeit entspricht. Diese Ortsnamen mit den betreffenden Endungen geben uns eine natürliche Handhabe, um den früheren Bestand der Waldungen zu erkennen.

II. Kapitel.

Die Jagd.

Von den ältesten Zeiten des fränkischen Reiches an war es Sitte der Herrscher, im Reiche umherzuziehen, begleitet von einem zahlreichen Hofstaat. Die Rechtsprechung des Königs, als die höchste Instanz, sowie die Aufsicht über die Lokalverwaltung, machten ein solches Wanderleben notwendig. Gleichzeitig lernte der Herrscher bei dieser Gelegenheit Land und Volk kennen und das Volk ihn kennen und respektieren. Ein weiterer Grund für das Reisen hängt mit den damaligen ökonomischen Verhältnissen, mit der Naturalwirtschaft zusammen. Der mit dem König verbundene grosse Hofstaat musste sich in der Weise ernähren, dass die auf den Königsgütern angesammelten Zehnten, wie auch die Produkte der Domanialwirtschaft, wie Getreide und Wein usw., aufgezehrt wurden. Die einzelnen Domänen hatten je nach ihrer Grösse und Ertragsfähigkeit mehr oder weniger sogenannte Servitia aufzubringen, bestehend aus einer bestimmten Menge Frucht, Schlachtvieh der verschiedensten Art, namentlich Schweine, Hühner, Gänse, sowie Eier, Käse, Pfeffer, Bier und Wein. Wir haben nur eine einzige Aufzeichnung der königlichen Servitien[1]), und auch

[1]) Abgedruckt ist sie: M. G. LL. IV. Constitutiones et acta publica imperatorum et regum T. I. p. 646. Böhmer, f. III. p. 397. Quix, Codex Aquensis I. 30.

diese nur in einem ausserordentlich trümmerhaften Zustande. Einige Bemerkungen über dieses Servitienverzeichnis seien an dieser Stelle eingeschoben.

Das Verzeichnis stammt aus der Zeit Heinrichs IV., vielleicht in den Jahren 1064—65 verfasst[1]). Auffällig ist sofort, dass bei der Angabe der Servitien gar keine Frucht erwähnt ist. Es ist jedoch nicht anzunehmen, dass die Frucht nicht zum Servitium gehört habe. Bei anderen Servitienverzeichnissen ist die Frucht meistens mit erwähnt[2]). Die sicherlich sehr grosse Abgabe an Früchten bei den königlichen Servitien wird es nötig gemacht haben, die Früchte in besonderen Speichern unterzubringen und die Verwaltung hierüber einem eigens dazu angestellten Beamten zu übergeben. Ausserdem erfordert folgende Tatsache eine getrennte Verwaltung der Fruchtservitien. Getreide lässt sich überall, also auch auf der Pfalz lagern, weil es keiner besonderen Pflege bedarf. Das Vieh jedoch musste lebend und frisch herangebracht werden, da auf der Pfalz für lange Zeit nicht genügend Raum und Futter vorhanden war. Auch verlangten die anderen Abgaben, wie Eier und Käse, einen baldigen Verbrauch. Die Fruchtservitien werden also, vollständig von den anderen getrennt, eingezogen und verwaltet worden sein. Die Grösse eines Servitiums mag ursprünglich berechnet gewesen sein, den königlichen Hof einen Tag zu ernähren[3]). F. Frensdorff versteht unter dem Servitium cotidianum nicht die tägliche, sondern die gewöhnliche, regelmässige Leistung, die sich der bei ausserordentlichen Gelegenheiten zu gewährenden entgegensetzt[4]). Auf jeden Fall waren die Tage, an welchen die Servitien

---

[1]) Vgl. G. Matthaei, Die Klosterpolitik Kaiser Heinrichs II. Göttinger Diss. 1877. M. G. LL. IV. T. I. p. 646.

[2]) Man vergl. das Servitium cotidianum des Erzbischofs von Köln aus der 1. Hälfte des 12. Jahrhunderts bei F. Frensdorff, das Recht der Dienstmannen des Erzbischofs von Köln, p. 59, ferner aus dem Jahre 948 das Servitium, welches der Abt von Magdeburg alle Jahre einmal an 3 Orten dem Bischof v. Brandenburg reichen soll, Cod. dipl. Anhalt. I. 17. Andere Zeugnisse noch bei K. Th. v. Inama-Sternegg, Deutsche Wirtschaftsgeschichte des 10. bis 11. Jahrhunderts. Bd. II. Beilagen.

[3]) L. Weiland, Goslar als Kaiserpfalz. p. 15. Hansische Geschichtsblätter 1884.

[4]) F. Frensdorff, Das Recht d. Dienstm. des Erzb. v. Köln, p. 64.

abgegeben werden mussten, nicht im voraus schon für immer festgelegt; denn es war, wie oben gesagt, unmöglich, das Vieh so lange in die Pfalz aufzunehmen und in derselben zu ernähren, sowie die sonstigen Abgaben in frischem Zustande zu erhalten, bis die Ankunft des Hofes, die immer ungewiss war, erfolgte. Der königliche Hof wird, wenn er in eine Gegend kam, nur kurze Zeit vorher bestimmt haben, welcher Hof und an welchem Tage derselbe die fälligen Servitien zu liefern hatte.

Das königliche Servitienverzeichnis beginnt mit der Aufzählung der Servitien für Sachsen. 20 Höfe werden genannt, jedoch wird nur von dem ersten und dem letzten die Zahl der Servitien angegeben, der erste gibt 5 und der letzte 40. Zum Schlusse wird dann die Gesamtzahl der Servitien in Sachsen genannt, die gleich ist der Zahl der Tage im Jahre und noch 40 mehr. Alsdann folgen die Höfe „de Francia circa Rhenum" (Ober- und Niederlothringen, Franken, Elsass), 21 an der Zahl. Sämtliche Servitienzahlen (85) sind uns hier erhalten. Daran schliessen sich 12 bayrische, zum Teil ins fränkische Gebiet hineinragende Königshöfe, von denen ebenfalls die Servitienzahlen erhalten sind. Die Gesamtsumme stimmt jedoch nicht mit der im Verzeichnis angegebenen überein. Die Servitien selbst sind nicht in allen Gegenden gleich gross. Für Sachsen sind sie etwas kleiner, wie für Franken und Bayern. Das Servitium in Sachsen besteht aus: XXX magni porci, III vacce, V porcelli, L galline, L ova, LXXXX caesei, X anseres, V carrate cerevisie, V libre piperis, X libre cere, vinum de cellario suo ubique Saxonie; in Franken und Bayern: XL porcos, VII porcellos lactantes, L gallinas, V vaccas, quingenta ova, X anseres, V libras piperis, nonaginta caseos, X libras cere, IIII carratas vini magnas. Die Anzahl der Servitien, die der königliche Hof aus den verschiedenen Gebieten erhielt, geben uns auch einen Anhalt, um zu erkennen, ob der königliche Hof an bestimmten Orten überhaupt längere Zeit verweilen konnte, wobei jedoch nicht zu übersehen ist, dass die Servitien an Frucht nicht genannt sind. Frucht bildet aber immerhin den Hauptteil der Ernährung.

Bischofsstädte sind in dem Verzeichnisse nicht erwähnt [1]).

---

[1]) Für Hauemberc wird nicht Bamberg, sondern Amberg anzunehmen sein.

In diesen Städten wird sich der König von dem Kirchengut ernährt haben. Das Fehlen der Bischofsstädte, namentlich der zahlreichen rheinischen, vermindert in etwa die zahlreichen Abgaben Sachsens, die bei dem ersten Blick im Vergleich mit Franken und Bayern uns entgegentreten. Immerhin zeigen die vielen Servitien für Sachsen, dass der Hof sich dort lange aufhalten konnte. Leider sind für die einzelnen Höfe in Sachsen die Servitienzahlen nicht angegeben, ausgenommen von zweien, sonst würde man für jede einzelne Pfalz die Möglichkeit oder Unmöglichkeit eines längeren Aufenthaltes einigermassen bestimmen können. Für das lothringisch-fränkische Gebiet ist nach der Aufstellung der Servitien ein längerer Aufenthalt möglich in der Pfalz zu Nymwegen; denn Nymwegen selbst ist mit 8, und das in der Nähe, an der Waal liegende Tiel mit 2 Servitien genannt. Für die Pfalz zu Aachen werden 8 Servitien aus Aachen, 2 von dem bis jetzt unbekannten, aber jedenfalls in der Umgebung von Aachen sich befindenden Compendium (vielleicht Commern) und 2 von dem Hof in Düren verlangt. Ein längerer Aufenthalt am Rhein, von Köln bis Mainz, ist ihm gestattet; denn für eine ganze Reihe von Höfen dortselbst ist die Verpflichtung der Servitien verzeichnet. Remagen mit 2, Sinzig mit 2, Hammerstein mit 2, Andernach 2, Boppard 3, der Hof zu Ingelheim ist mit 3 Servitien belastet, der zu Kaiserslautern mit 8. Es ist hinzuzunehmen, dass in den Bischofsstädten Utrecht, Köln, Mainz, Worms, Speyer der Bischof für den Aufenthalt aufkommen musste. Für die Pfalz zu Diedenhofen werden die 3 Servitien von Diedenhofen selbst, 8 von Briey und 8 von Flörchingen bestimmt gewesen sein. Ungewiss sind die Orte Salotra[1]) und Surie.

Am Mittelrhein, in der Gegend von Mainz bis Worms, stehen dem königlichen Hof zu 1 Servitium aus Hassloch, 1 aus Nierstein, 4 aus Tribur und 3 aus Frankfurt. Ein längerer Aufenthalt in dieser Gegend war also wohl denkbar. Für Bayern lässt sich diese Betrachtung nicht durchführen, da die Bestimmung der einzelnen Höfe zu unsicher ist. Eine genauere Untersuchung dieser Orte wäre sehr wünschenswert.

---

[1]) Der Erklärung Salotra-Schlüchtern an der Kinzig von Weiland kann ich nicht beistimmen.

Um nun nach dieser kurzen Abschweifung wieder auf die Wanderungen des Hofes zurückzukommen, so war die Art der Ernährung des königlichen Hofes nicht der letzte Grund, der ein beständiges Umherziehen im Reiche bedingte und eine feste Residenz ausschloss. Die Residenzen, welche wir heute haben, entstanden durch Bevorzugung eines bestimmten Aufenthaltes. Die Gründe, welche früher die Wanderung veranlassten, wie Rechtsprechung, Beaufsichtigung der Beamten, fielen nach und nach weg. Die Rechtsprechung wurde mit der Zeit ordentlich bestellten Richtern übergeben, und Revision geschah durch besondere Beamte; die Naturalwirtschaft wich der Geldwirtschaft. Kurz, eine neue Zeit zeitigte neue Bedürfnisse.

Wo nun solche königliche Landgüter (villae regiae) lagen, wird der Kaiser mit seinem Gefolge sich aufgehalten haben. Bot dieser Ort noch besondere Anziehungspunkte, wie z. B. Jagdgelegenheit, und dehnte sich daher der Aufenthalt länger aus, so wird der König für sich und sein Gefolge für bessere Unterkunft gesorgt haben, als die dürftige Wohnung des Bauern sie bieten konnte.

Was bestimmt denn überhaupt den längeren und häufigeren Aufenthalt des Königs? Zuweilen werden es politische Gründe gewesen sein. Das Tun und Treiben von Vasallen, deren Treue und guter Wille zweifelhaft waren, musste in nächster Nähe beobachtet werden, und durch öfteren Verkehr mussten die Vasallen mit dem Könige verknüpft werden. Ähnliche Rücksichten wie auf die weltlichen Vasallen werden auch auf die Bischöfe genommen worden sein, da das Reich und Rom vielfach im Kampfe lagen.

Hierzu kommen noch Momente persönlicher Art — der Ort, wo man jung gewesen, und der die Menschen im Alter noch wieder zurückzieht, die Heimat oder vielmehr die Geburtsstätte; denn von einer eigentlichen Heimat kann bei der damaligen Wanderung keine Rede sein. Weiterhin werden Anziehungskraft geübt haben liebgewonnene Freunde, deren Unterhaltung im Glücke und Rat in schwieriger Lage man gern aufsucht. Schöne Frauen und die Minne werden auch das Ihrige getan haben. Kurz, der Kaiser wird sich am meisten dort aufgehalten haben, wo Geschäfte ihn hinriefen und Vergnügungen ihn erwarteten. Was für Vergnügungen gab es denn überhaupt in jener Zeit? Doch nur solche der materiellsten Art. Alles, was eine höhere geistige Kultur voraussetzt, wie Schauspiel und Musik, war nicht vorhanden, bezw. zu unentwickelt. So blieben also nur der Frauendienst, die Lieder der Hofsänger, die Schaustellungen wandernder Gaukler, die Freuden des Gelages und vor allem der Sport. Von Sport sind zuerst die Wettkämpfe zu erwähnen, in denen die jungen Recken ihre Kräfte massen [1]).

Weit mehr aber in die Wagschale fällt die Jagd, eine Erinnerung an die älteste Kulturstufe des Menschen. Früher eine Existenzfrage, wird sie jetzt als Sport betrieben. „Die Jagd ist das höchste und edelste Vergnügen, welches jene Zeit kennt. Alle anderen Lustbarkeiten stehen gegen dasselbe zurück“ [2]). Wie eng die Liebe zur Jagd mit unserem Charakter verwachsen ist, das zeigt sich darin, dass sie von jeher neben dem Kriege als die eigentlich vornehme Beschäftigung galt. C'était, après la guerre leur passion, leur vie [3]). Die Jagd, „des ernsten Krieges lustige Braut“, ist auch, wie keine sonstige Beschäftigung, mit dem Kriege verwandt, und durch keine andere Übung werden Nerv, Muskel und Gesundheit so gestählt. Es ist auffällig, wie wenig die Ideale eines Volkes in ein paar Jahrtausenden sich ändern. Met, Würfelspiel, Frauendienst und Jagd spielen noch heute eine grosse Rolle. Die Jagd war neben kriegerischen Übungen die Hauptbeschäftigung des wehrhaften Mannes, für den Knaben und Jüngling die Vorübung zu dem ernsten Kriegsleben. Sie war auch wirklich geeignet, bei dem Kampfe mit mächtigen Bewohnern des Waldes, dem Ur, dem Eber, dem Bären, der wehrhaften Sau u. s. w. die Umsicht, Kraft und den Mut des Mannes zu erproben, den Sinn zu schärfen und den Körper zur Ertragung von Mühseligkeiten aller Art abzuhärten. Die Mannigfaltigkeit und Menge des Wildes in den weiten Wäldern, verbunden mit den grossen Gefahren und Beschwerden, reizte eben auch das männliche Geschlecht zur Jagd.

Dass die Jagd sehr ins Gewicht fiel, ist natürlich, besonders in einer Zeit, welche in geistiger Kultur hinter der

---

[1]) Von eigentlichen Turnieren kann in dieser Zeit noch keine Rede sein.

[2]) Schultz, p. 485.

[3]) Gautier, pag. 175.

Zeit der Ottonen zurückstand, wie es ja auch für eine Periode von Kriegen und politischen Streitigkeiten erklärlich ist. Der hohe Adel und Ritterstand, der früher fast durchweg im Lesen und Schreiben unterrichtet war, verfiel in rohe Unwissenheit und verfolgte praktische Ziele; selten nur konnte jemand unter ihnen sich einer gewissen Bildung rühmen.

In der Zeit also lag kein geistiges Streben, in der Erziehung aber auch nicht. Der Knabe wuchs auf in der Kemenate, in dem Frauengemache. Alsdann wird er sich mit gleichaltrigen Gespielen seiner Freiheit gefreut haben, bis der geistliche Erzieher ihm die wenig geachteten Künste des Lesens und Schreibens beibrachte.

Verhältnismässig früh aber wird er gelernt haben, den Bogen zu spannen, dem Wilde Schlingen zu legen und das Vogelgarn zu handhaben. Wie ich schon in der Einleitung erwähnte, wurde die Jagd als eine Wissenschaft betrieben, als „une véritable science, très compliquée et un métier fort sérieux qui devait nécessairement être précédé d'un long apprentissage" [1]). Lacroix [2]) unterscheidet nun wiederum in der Wissenschaft der Jagd drei Zweige: C'est tout d'abord la vénerie, que M. Elzéar Blaze définit „la science de forcer, de prendre ou de tuer un animal désigné parmi un certain nombre d'animaux de la même espèce"; c'est ensuite la fauconnerie qui était non seulement l'art de chasser avec le faucon, mais encore l'art de dresser les oiseaux de proie pour la chasse du gibier à plume; enfin l'oisellerie, qui selon l'auteur de tant de savants ouvrages sur le sujet qui nous occupe, n'eut en principe d'autre but que de protéger les moissons et les fruits de la terre, en écartant ou en détruisant les ennemis naturels de la culture des champs.

Mit dem siebenten Jahre begann der Unterricht in dieser Wissenschaft [3]), der sich bis zum 15. Lebensjahre erstreckte [4]).

1) Gautier, p. 178.

2) Lacroix, Moeurs, usages et costumes au moyen-âge Paris, 1871. p. 191.

3) Lacroix gibt in seinem genannten Werke p. 193 mit der Figur 132 ein Bild aus dem 15. Jahrhundert wieder, welches den in der Jagd unterrichtenden Lehrer inmitten seiner Schüler darstellt: Gaston Phoebus enseignant l'art de la vénerie. Fac-simile d'une miniature de Phebus, des deduiz de la chasse des bestes sauvaiges et des oyseaux de proie. (Manuscrit du quinzième siècle à la Bibliothèque impériale de Paris.)

4) Kudrun, 24. Dô ez was gewassen ze siben jâre tagen, Man

Eigens für diese Wissenschaft angestellte Lehrer (des professeurs de chasse) unterrichteten hierin[1]). „Den Hirsch und Eber anzupirschen oder im Treiben zu jagen, die Falken recht zu dressieren und mit der Beize vertraut zu sein, vor allem das Jagd-Cärimoniell und die Jägersprache recht zu verstehen, das musste jeder junge Mann, der auf höfische Bildung irgend Anspruch machte, gründlichst gelernt haben“ [2]). Der Hauptunterricht der Jünglingszeit wird sich aber auf Handhabung von Schild, Schwert und Lanze und das Führen der Streitrosse erstreckt haben[3]).

Zur Erziehung des Ritters gehörte es, sich von frühester Jugend an abzuhärten, damit man Strapazen und Entbehrungen ertragen konnte[4]). Kämpfe, Liebschaften, Jagden, Hunde und Falken bildeten für den jungen Ritter den Unterhaltungsstoff bei den Gelagen. Schon bei unsern altgermanischen Vorfahren war die Jagd sehr geachtet; es geht das daraus hervor, dass die Gesetze der deutschen Stämme detaillirte Bestimmungen über die Jagd treffen. Wir finden solche im Gesetze der Friesen, der salischen und ripuarischen Franken, der Alemannen und Bayern. In jenen werden unter anderen unterschieden die verschiedenen Arten der Jagdhunde[5]). Sehr geschätzt ist der sogenannte Leithund, der Hund, der die Meute führt. Die Busse für denselben war nach alemannischem Gesetz 13 Schillinge, während ein Pferd nur mit 6 Schillingen bewertet wurde. Nach dem salischen Gesetz wurden für den ersten Leithund 45 und für den zweiten 15 Schillinge vergütet. Der Leithund „ductor, qui hominem sequentem ducit

---

sach ez dicke recken ûf ir handen tragen. Im leidet bî den vrouwen und liebte bî den manen.

1) Gautier, p. 174.

2) Schultz, p. 168.

3) In den Ann. Argent. 1138 heisst es von Heinrich dem Löwen: Non se luxui et inercie corrumpendum, sed uti mos .... est, equitare, iaculari cursu cum equalibus certare solebat.

4) Vita Annonis Archiep. Col. 1. Didicit hinc interim fortitudinem, moralium disciplinarum nobilissimam, dum crebras asperitates patitur algoris, dum inedia sitique super haec et vigiliis aestuat, quae cuncta in eo futurae constructioni necessario parabantur.

5) In einer Studie „Über die Jagd des grossen Wildes im Mittelalter“ in der Germania, Vierteljahrsschrift für deutsche Altertumskunde. 1881, sucht v. Wagner den Begriff gewisser, in den mittelalterlichen Schriften vorkommender Hunde genau festzustellen.

(Alem.-Recht); qui in ligamine vestigium tenet (Bair.-Recht)", wurde von dem Jäger an einem Leitseil geführt und musste beim Beginn der Jagd die Fährte des Wildes suchen und das Wild aufscheuchen. Er musste namentlich mit einer feinen Nase ausgestattet sein, nasewîse sein, während der Hetzhund seinen Vorzug in der Schnelligkeit hatte.

Weiter spricht man vom Treibhund, dem Spürhund, der dem Schweisse des Wildes folgt, dem Bären- und Büffelhunde, dem Saufänger, dem Wolfshunde, der den Wolf anfällt, dem Windhunde, der den Hasen vermöge seiner Schnelligkeit fängt, dem Habichthund, der zum Aufsuchen des Federwildes bei der Beize dient. Besonders dressierte Hunde heissen canes docti vel magistri (alem., bayr. und salisches Gesetz). In späterer Zeit findet man nicht mehr eine solch strenge Unterscheidung bei den Hunden, jedoch wurde auf die Zucht der Hunde grosses Gewicht gelegt[1]).

So mussten jedes Jahr für den Erzbischof von Trier 7 junge Hunde aufgezogen werden, und es war Sorge dafür getragen, dass die Rasse rein blieb. Für die Unterkunft der Hunde bei den grossen Jagden und in der Zwischenzeit musste natürlich auch gesorgt werden; sie wurden den Bauern und Klöstern in Pflege gegeben[2]) und meistens mit Haferbrot gefüttert. So erhielt zum Beispiel der Erzbischof von Köln für seine Hunde täglich 2 Malter Hafer[3]).

Zuweilen dauerten die Jagden der hohen Herren mehrere Tage. Hatten sie keinen eigenen besonderen Hof in der Nähe, so mussten Untertanen die Beherbergung übernehmen. Es waren das alte Gerechtsame, dass manche Klöster und Stifte die Verpflichtung hatten, die Jäger und die Hunde zu verpflegen[4].

---

[1]) Th. J. Lacomblet, Archiv für die Geschichte des Niederrheins, I. 325. Item forestarii 7 catulos Archiepiscopo annuatim nutrice tenentur. Venatores autem matres catulorum forestariis committere debent, ne post nobilem conceptionem adulterina commixtione degeneres catulos producant. (Trierer F. W.)

[2]) Siehe unter Pöhlde.

[3]) Nikolaus Kindlinger, Münstersche Beiträge. II. Urkunden p. 149. No. XX.: II maldra avenae ad pastum canum. u. F. Frensdorff: Das Recht der Dienstmannen des Erzbischofs v. Köln, p. 59.

[4]) Gisleberti Chron. Hanon. (1. 1. 594.) 1195: De canibus autem et venatoribus, qui multa per loca in Hanonia gistas suas et porsonia (ius hospitis) de iure habebant, ordinavit comes et instituit,

Ich weise auch hin auf den „kaiserlichen Hundestall" in der Dreieich.

Die Fangmittel waren andere als heute. Bogen und Pfeil haben ja weder die Kraft noch die Sicherheit des Feuergewehres. Man gebrauchte gewöhnlich auf der Jagd als Stoss- und Wurfwaffen die Spiesse und Wurfspeere, als Schusswaffen die Armbrust und den Bogen [1]) und als das zum Bogen und der Armbrust gebrauchte Geschoss den Pfeil, der in einem Köcher [2]) nachgetragen wurde. Bei dem Spiesse hat man zu unterscheiden zwischen dem schweren Jagdspiess [3]), der zur Erlegung der grossen Tiere, der Wisente, Ure, Elche und Eber diente, und dem leichten Jagdspiess, gabilôte, für kleineres Wild. Das Schwert fehlte dem Ritter auf der Jagd auch nicht [4]). Ausserdem brachte man zur Anwendung Fussschlingen, Halsschlingen, Netze oder Garne, Fanggräben und Selbstgeschosse.

Mehr Brauch war es natürlich infolge Mangels einer zur erfolgreichen Feuerwirkung [5]) geeigneten Waffe, mit Ross und Hunden das Wild zu hetzen, zu stellen und abzufangen, die Methode der Hetzjagd anzuwenden. Wurde der Hirsch gejagt, so geschah es mit einem grossen Aufwand von Jägern, Hunden und Pferden. Zuerst wird das Wild in seinem Lager aufgespürt und die Meute auf die Spur gesetzt. Durch das Bellen der Hunde wird das Wild aufgescheucht, und es flieht. Es beginnt die Hetze. Die Hundemeute wird losgelassen und mit Hornsignalen und Treiberrufen auf das Wild losgehetzt. Alles jagt dem fliehenden Wilde nach, das endlich von den Hunden gestellt wird. Die Hunde decken den Hirsch, und der Jäger gibt ihm den Genickfang.

---

ut ab hiis abbatie et eorum curtes libere permanerent, hoc excepto quod, si aliqua ecclesiarum terram aliquam possideret ex alicuius donatione et venditione, que de consuetudine illarum esset terrarum, in quibus canes et venatores ius suum habent, ecclesia inde ad valentiam terre illius ius suum et canibus et venatoribus exsolvet et ultra hoc non cogetur.

[1]) Nibelungenlied 894.

[2]) Nibl. 897, 2 Kocher; 893, 4 Kochaere.

[3]) Nibl. 892, 2 sîn gêr was vil michel starc unde breit.

[4]) Nibl. 916. swert.

[5]) F. Frenzel: Die Waffen-Entwicklung. Das Schiesswesen, Beilage zu No. 22, Bd. 38 der deutschen Jägerzeitung.

Nach Erlegung des Wildes muss der Jäger, auch der vornehme, selbst das Tier kunstgerecht zerlegen und das Abbalgen und Zerwirken desselben vornehmen. Ausführlichere Schilderung über das Jagdzeremoniell gibt uns Gottfried v. Strassburg in seinem Tristan[1]). Es gehörte eben zur adeligen Erziehung, dass ein Jäger in dem Jagdzeremoniell sehr bewandert sein musste. Im feierlichen Zuge unter Hörnerklang geht es dann zum heimatlichen Schloss zurück, wo ein heitres Mahl die Jagdgesellschaft erfreut und ein jeder seine Jagderlebnisse mitteilt.

Auch war Sorge getragen, dass an verschiedenen Punkten des Waldes frische Pferde standen, damit die Tiere nicht so sehr ermüdeten. Verlor man die Spur des Wildes und gelang es nicht, das Wild an demselben Tage zu stellen, oder wollte man sich mehrere Tage im Walde aufhalten, so blieb man, falls kein Haus zu erreichen war, im Walde, wo man sich dann Jagdhütten aus Laub und Zweigen baute oder mitgebrachte Zelte aufrichtete, damit man nicht unter freiem Himmel zu übernachten brauchte. Von einem solchen öfteren Übernachten, wo für Proviant vom Hofe aus gesorgt war, berichtet der Abt von Saint-Denis Sugerius in seiner Selbstbiographie „De rebus in administratione sua gestis“[2]).

Bei der Jagd im Nibelungenliede, die auf mehrere Tage berechnet war[3]), werden reichliche Vorräte für die grosse Jagdgesellschaft mitgenommen. Zahlreiche mit Mundvorrat, wie Brot, Wein, Fleisch, Fische und ander manegen rât (870, 3), beladene Rosse waren schon am Tage vorher oder bei Nacht aufgebrochen zum Jagdort.

Oft auch werden die jagenden Ritter von ihren Damen

---

1) B. Bechstein, Gottfrieds von Strassburg Tristan. cap. V. Die Jagd.

2) Duchesne IV. 334: Nec minus etiam venationem Ivelinae infractas terrae quam beato Dyonisio multis temporibus abstulerant recuperavimus. Et ne in posterum oblivioni traderetur illuc exeuntes per continuam septimanam adscitis nobis approbatis amicis et hominibus nostris videlicet Comite Ebroicensi, Amalrico de Monte-forti, Simone de Nielpha, Ebrardo de Villaperosa et aliis quam plurimis in tentorio demorantes singulis diebus totius hebdomadis cervorum copiam ad Sanctum Dyonisium non levitate sed pro iure Ecclesiae reparando transferri et Fratribus infirmis et hospitibus in domo hospitali necnon et militibus per villam, ne deinceps oblivioni traderetur, distribui fecimus.

3) Nibl. 866. 1 ich kume in kurzen tagen.

begleitet. Dem eigentlichen Jagdgetümmel bleiben diese jedoch fern, nur an der Falkenjagd, die ja nicht mit grossen Anstrengungen verknüpft ist, beteiligen sie sich aktiv.

Die Dichtungen der damaligen Zeit geben uns mehrfache Schilderungen von den Hetzjagden. Von einer Hirschjagd wird gesprochen in „Tristan und Isolde". Er nahm einen Bracken und brachte ihn auf die Spur des Hirsches. Über Stein und Fels, durch Dickicht und Gestrüpp verfolgt er dann das Wild.

Im Nibelungenlied ist sehr malerisch geschildert „einen grossen Eber fand der Spürhund". Das Wild beginnt zu fliehen, aber der Jägermeister tritt ihm entgegen und wird von der Sau angerannt. Die Saufänger, besonders dazu abgerichtete Hunde, fassen den Keiler an dem einen Ohr und schwingen sich dann über den Rücken, so dass die Sau ihre Hauer nicht gebrauchen kann. Der Jäger kommt hinzu und lässt den in Wut geratenen Keiler auf den kunstgerecht gehaltenen Spiess auflaufen.

Von der Hetzjagd wurde unterschieden die Pirschjagd, zu der ebenfalls die Vornehmen mit grosser Jagdgesellschaft auszogen. Sie war die gebräuchlichste, da die Hetzjagd bei dem grossen Aufwand von Pferden, Hunden und Jägern zu kostspielig und umständlich war. Das Wild wird umzingelt, und der Kreis wird immer enger gezogen, damit man dem Tiere möglichst nahe kommen kann, um es dann durch einen Pfeilschuss zu verwunden. Das Wild nimmt, wenn es zum Weideplatz oder zur Quelle geht, fast immer denselben Weg, den es auch einschlägt, wenn es verfolgt wird. Diese Wildpfade sind den Jägern bekannt und werden von den Treibern ringsum besetzt (diu warte). Alsdann wird das Wild von den Herren in diesem gebildeten Kreise aufgetrieben; es läuft seine gewohnten Pfade, wird aber immer an den Warten von den Jägern zurückgescheucht, bis es sich endlich, fast zu Tode gehetzt, den Jägern zum Schuss stellt. Die Pirschjagd kann sich leicht in eine Hetzjagd verwandeln, wenn das Wild die Kette der Jäger durchbricht. Der Ort, wo ein Wildpfad aus dem Walde tritt und in ein Wasser oder eine Waldwiese mündet, heisst abelouf des Wildes[1]).

---

[1]) Nibl. 871 gên wildes abeloufe.

Man hatte auch gezähmte Hirsche, welche zur Brunstzeit durch ihr Schreien die anderen herbeilockten. Nach langobardischem Gesetz musste derjenige, welcher den schreienden Hirsch verscheuchte, 12 Schillinge zahlen; stahl er ihn, so musste er den achtfachen Preis erlegen. Ähnliches finden wir auch in den Gesetzen anderer Stämme. Auch lockte der Jäger auf dem Anstande den Rehbock herbei, indem er auf einem Blatte pfeifend die Stimme der Ricke nachahmte.

Noch edler als die Jagd auf laufendes Wild galt die Beize, das Federspiel, wie man die Jagd auf Federwild nannte[1]). Sie musste zu Pferde ausgeübt werden und blieb ein Vorrecht der Freien. Die Beize erstreckte sich auf das Geflügel, welches mit der Armbrust und dem Bogen schwer zu erlegen war, da dasselbe zu früh aufscheute, ehe man nahe genug zum Schuss herangekommen war. Man jagte so Kranich, Reiher, Schwan, Trappen, Fasanen, Feldhühner, wilde Gänse, Enten, Tauben, Brachvögel, Kiebitze, Stare und Lerchen. Je nach der Art des gejagten Wildes hatte man den Kranichhabicht (auch wohl Kranich-Aar, Chronohari genannt L. B. T. XX), den Gans- und Entenhabicht (Ganshapuch). Ersterer wurde natürlich am höchsten bewertet. Ausserdem wurden Sperber und hauptsächlich Falken zur Jagd abgerichtet. Entenhabicht und Sperber waren gleichgeschätzt. Wurden der Kranichhabicht und der Ganshabicht mit 6 bezw. mit 3 Schillingen gebüsst, so betrug die Busse für den Entenhabicht und den Sperber nur ein Schilling[2]).

In den Gesetzen der übrigen Völkerschaften finden wir ähnliche Verordnungen. So musste z. B. bei den Burgundern derjenige, welcher einen Habicht entwendete, denselben mit 6 Unzen Fleisch füttern, sonst wurde er bestraft. Wer aus des Königs Gehege bei den Langobarden den jungen Falken aus dem Nest nahm, musste 12 Schillinge zahlen. Stand das Nest auf einem gezeichneten Baume, so wurde er sehr schwer bestraft. Der junge Falke im Nest war also schon geschützt.

Die Jagd mit dem Federspiel war vorzugsweise ein Recht des Adels. Bezeichnend ist es auch, dass sie den Geistlichen verboten war. Der Bischof Arnuld von Halberstadt traf einst

---

[1]) Vergl. über die Beize den Artikel „Beize" in der Allg. Encyklopädie der gesamten Forst- u. Jagdwissenschaften v. Ernst Ritter von Dombrowski 1886.

[2]) L. All. (T. 99. § 20).

einen Geistlichen mit dem Falken auf der Faust, und setzte ihn darüber zur Rede, weil es eine Verleugnung Christi sei[1]). Die Ritter liebten die Falkenbeize so leidenschaftlich, dass sie fast immer den Falken mit sich führten; selbst in der Kirche erschien der Junker oft mit seinem Falken auf der Faust. Ein grosses Gewicht wurde auf die Abrichtung der Falken gelegt, und dieses Geschäft oblag eigens dazu angestellten Falknern.

Der Beizvogel wurde, wenn jagdbare Vögel sich zeigten, in die Luft geworfen — entsprechend der Grösse des Wildes eben auch ein starker oder schwacher Falke. War er auf seine Beute herabgestossen, so musste er auf die Hand des Jägers, die mit einem starken Handschuh geschützt war, zurückfliegen. Gar oft jedoch zog der Beizvogel die freie Bewegung in der Luft der Rückkehr vor. Dass die Falkenjagd für edler gehalten wurde, als jede andere, sagt auch Friedrich in seinem Tractat de arte venandi cum avibus. Es kam sogar vor, dass ein Ritter seine Ansprüche auf einen Forst aufgab, da ihm erlaubt wurde, die Sperber und Habichte darin zu fangen[2]). Jäger und Falkner lagen, seitdem die Beize gleichberechtigt dem Waidwerk zur Seite trat, in Zwist. Die Kardinalfragen des Streites waren:

1. Wer ist edler Hund oder Falke?

2. Welches Vergnügen ist besser, das, welches die Hunde gewähren oder das, welches die Falken gewähren?

Friedrich II. (liber, I. c. I.) hält die Beize für caeteris venationibus nobilior et dignior, Alfons XI. (Libro de la monteria lib. I. Prolog) tritt für das Waidwerk ein.

Johann II., Graf von Tancarville, entscheidet in dem „roman des deduiz“:

---

[1]) M. G. SS. IX. 834. et in die sancto, cum post missam de aecclesia ambularet, vidit clericum accipitrem in manu sua tenentem; et zelo commotus hunc cum brachio suimet comprehendit ac secum duxit, non ut puniretur, sed sic verbis mediocribus corriperetur. Fama volans milites predictos congregat, quorum primus Hugal nomine ad episcopum veniens, cur seniorem suum sic inhonorare voluisset, interrogat. Et antistes: Quid feci? inquit. Vidi abominationem Christi, et quia in meo factam episcopatu cernebam, sustinere non potui.

[2]) C. Meichelbeck, Historiae Frisingensis II. 64.

1. Der Falke ist edler als der Hund;

2. Das Vergnügen, welches die Hunde gewähren, ist besser als das, welches die Falken gewähren[1]).

Der Vogelfang stand unter dem Banne wie die eigentliche Jagd. Als Strafe für die Übertretung wurde der Verlust des Daumens gesetzt.

Wurde jemand das Falkenrecht übertragen, so wurde es ausdrücklich in der Urkunde bemerkt. Seltsam berührt uns, dass von kirchlicher Seite verboten wurde[2]), das Fleisch vom Wildpret, welches von Falken gejagd worden war, zu verspeisen, wenn nicht das Wild vorher mit dem Eisen getötet war, eine Sitte, welche auf den arabischen Ursprung der Falkenbeize hinweist, indem ja der Araber dem vom Falken geschlagenen Wilde die Kehle vorher durchschneidet. So behauptet ja auch Schwappach, dass Friedrich II. hauptsächlich die Falkenjagd von den Arabern gelernt habe. Wie schon erwähnt, wurde die Falkenjagd auch in den Flussniederungen betrieben, wo sich also hauptsächlich Wasser- und Sumpfvögel aufhielten.

Der Vogelfang wird auch geübt unter Anwendung von Netzen[3]), Vogelherden, Vogelgarn und Leimruten.

---

[1]) H. Werth, Altfrz. Jagdlehrbücher in Gröbers Ztschr. für rom. Philol. XII 1888.

[2]) Dieses Verbot hängt vielleicht zusammen mit gewissen Stellen der heiligen Schrift, vgl. Apostelgeschichte 15, 28—29.: Visum est enim Spiritui sancto et nobis (den Aposteln auf dem Apostelkonzil), nihil ultra imponere vobis oneris quam haec necessaria: ut abstineatis vos ab immolatis simulacrorum, et sanpuine, et suffocato, et fornicatione, a quibus, custodientes vos, bene agetis. Valete. und Leviticus, 17, 13—15: Homo quicunque de filiis Israel, et de advenis, qui peregrinantur apud vos, si venatione, atque aucupio ceperit feram vel avem, quibus vesci licitum est, fundat sanguinem eius, et operiat illum terra. Anima enim omnis carnis in sanguine est, unde dixi filiis Israel: Sanguinem universae carnis in sanguine est; et quicunque comederit illum, interibit. (Gen. 9, 4. Supr. 7, 26.) Anima, quae comederit morticinium, vel captum a bestia, tam de indegenis quam de advenis, lavabit vestimenta sua et semetipsum aqua, et contaminatus erit usque ad vesperum: et hoc ordine mundus fiet. — „Vom Jagdfalken, der sonst im Orient allgemein war und ist, findet sich in der heiligen Schrift keine Spur.“ Kaulen, Artikel Jagd im Freiburger Kirchenlexicon.

[3]) Ovidius de Vetula I. c. XV: Nam curis plerumque argentibus, ut relevarer, Nunc volucrum turmis mihi mos erat insidiari

Der Fischfang[1]) wurde auch zuweilen von den Vornehmen ausgeübt, wenngleich er als ritterliche Beschäftigung der Jagd nicht ebenbürtig war. Es kamen beim Fischen zur Verwendung das Fischnetz, daneben die Angel mit dem Köder. Als Köder dienten auch kleine Fische.

Eine weniger edle Art des Fangens war natürlich der Fang von Raubtieren in Gruben; auch legte man Selbstgeschosse, vorzüglich auf Wölfe. Man musste natürlich den Nachbarn solche Fallen anzeigen oder bemerklich machen, damit weder Menschen noch Tiere geschädigt wurden. Dass Netze- und Schlingenstellen nicht edel war, geht daraus hervor, dass Friedrich I. 1156 gebot, niemand solle Netze oder Stricke dem Wilde, ausser dem Raubtiere, legen[2]).

In manchem Werke unserer Dichtung wird ein Bild von dem Jagdanzuge gegeben. Das „pirsgewant“ des Siegfried im Nibelungenlied wird ausführlich geschildert[3]).

Gewöhnlich ist der Anzug grün. Die Oberkleider sind kurz und gut gegürtet, damit dieselben beim Jagen im Dickicht

---

Ventilabro moto passim, stabilone ligato. Fila supertracturus eis si forsitan illic Oblectarentur per equum deducere quasdam, Donec inalatas caligas et pyramidales Intrassent minime rediturae; gesticulando Quasdam sicut agunt pastores cum ioculantur Sicut et ad sistrum saltat lasciva puella, Sicut multociens agitur furiis agitatus, Sicut iactitat is, cuius nervi resoluti. Nunc quasdam laqueis, quasdam visco retinere Quarundam visus obtundere noctibus igne Ac improvisas involvere retibus illas Nunc avidis pavidas terrere etc.

[1]) Ovidius de Vetula. I. c. XX: Nunc et erat mihi mos pisces captare marinos Retibus hos, illos hamis illosque sagena Alatis quosdam caligis in pyramidalem Conum protensis; etiam nunc ad fluviales Me convertebam connexis vimine quosdam Decipiens calathis ubi cederet ingredienti Virgula flexibilis pisci reditumque paranti Mordax eiusdem cuspis praeacuta negaret Quosdam decipiens aliquando tenacibus hamis, Vermibus allicitos quosdam per linea fila Nodosis connexa modis involvere gnarus Dum lignum supernatat et plumbum petit ima. Et nunc anguillas tonitru tuerentur minaci Attonitas et aquae se praecipitantes in arcam Cursum sectantes servare manu capiendas; Nunc et dentato transfigere pectine visas Cum face succensa nitidis de nocte sub undis.

[2]) Friederici I. imp. const. de pace tenenda (1156, 18 Sept.) 14: Nemo retia sua aut laquaos aut alia quaelibet instrumenta ad capiendas venationes tendat, nisi ad ursos, apros, lupos capiendos.

[3]) 893, 2.: Ein rock von swarzem pfeffel den sah man in tragen, Unt einen huot von zobele, der riche was genuoc.

der Wälder die freie Bewegung nicht behindern. An dem Ledergürtel, wohl in einer besonderen Tasche, trägt der Jäger das Jagdmesser „zum Ausweiden und Abbalgen", sowie das Feuerzeug, welches sich zusammensetzt aus Stahl, Zündschwamm und Feuerstein. Die Beinkleider sind eng und aus festen Stoffen gearbeitet und durch eine Art Gamaschen geschützt. Bei der kühlen Witterung wurde auch ein Mantel getragen, der dann freilich kürzer war, wie gewöhnlich. Von Dido in der Eneit heisst es: dorch daz sie jagen reit sone was der mantel niht lanc[1]). Ausserdem wird eine Regenkappe erwähnt zum Schutze bei eintretendem Regenwetter.

Von Wichtigkeit bei der Jagdausrüstung war auch das Jagdhorn, das aus Gold, Silber, Elfenbein oder aus geringerem Stoffe verfertigt und mit kostbaren Schnitzwerken versehen war. Berge und Täler hallten wider von dem Schalle des Hifthorns, dessen verschiedenartigen Ruf Jäger und Hunde wohl verstanden.

Die Vorbereitungen zu einer Jagd lagen dem Jägermeister ob[2]). Ihm unterstand die ganze Dienerschaft, und er hatte die Verantwortung für die Meute. Er führt den Leithund, sucht mit ihm die Spur des Wildes auf und wacht überhaupt über das Zeremoniell bei der Jagd. Bei festlichen Gelegenheiten ist das Jagdpersonal zuweilen so zahlreich, dass sich ein imposanter Jagdzug entfaltet. Eine eingehende Schilderung hiervon wird gegeben in dem Gedicht — La chace dou Cerf, welches Achille Jubinal im ersten Bande seines Nouveau Recueil des Contes, Dits ect. . . Paris 1839 wiedergibt.

Die Jagd erstreckte sich, abgesehen von den Tieren, die noch heute das Ziel des Waidmannes bilden, in unserer Zeit auch auf: Wisent, Ur, Elentier, Schelch, Luchs, wilde Pferde, Bären und Wölfe.

Im Laufe der Zeit gingen diese Tiere aus. Der Wisent, „der kurzhörnige Stier mit mähnenartigem Haar", der noch

---

[1]) 60. 16. 17. Eneit.

[2]) Gesta Friederici imp. et filior. (Eccardus, Corpus historicum medii aevi I, 1060): quidam miles Adenulphus Pardus, qui fuerat magister venationum imperatoris Friederici.

Mon. Boic. 31a p. 118 cum forestis omnibusque forestariis et venatoribus, quorum princeps F. vocatur.

jetzt in dem Urwald von Bialowicz, im Gouvernement Grodno, gehegt[1]) wird und im Kaukasus noch wild lebt[2]), und der langhörnige Ur, der als Stammvater unseres Rindviehes anzusehen ist, wurden aus unserem Gebirge zurückgedrängt, ebenso das Elentier und der Schelch. Das Nibelungenlied erwähnt alle vier Arten in seiner Jagd. Cäsar[3]) berichtet von den Uren, sie seien magnitudine paulo infra elephantos, specie et colore et figura tauri. Nach Schade[4]) ist der Ur in Deutschland bis etwa um 1300 bezeugt, weiter östlich an der Skwa, einem Nebenflusse der Narewa, bis 1600.

G. Pusch[5]) in Warschau stellt die Behauptung auf, dass Ur und Wisent ein und dieselbe Rinderart, dass Ur das Männchen, Wisent das Weibchen derselben sei. Gegen diese Behauptung erhebt sich Brandt, indem er beweist, dass diese Ochsen verschiedenartig waren, dass jedoch mehrere Schriftsteller des Spätmittelalters nach dem Aussterben des Ur die Namen Ur und Wisent als synonyme Bezeichnungen für die überlebende Art, den Wisent, gebraucht haben. Von der Mehrzahl der Schriftsteller ist jedoch, wie Brandt und nach ihm Schade beweisen, der Unterschied gewahrt worden. Über das paläontologische Vorkommen[6]) des Wisents und des Ures in Deutschland bemerkt Brandt, p. 111.: „Die meisten Reste des Wisents (bos bison) hat bisher das Rheintal geliefert. So wurden in einer Kiesbank am Rheinufer bei Erfelden zwei Schädel nebst Skelettteilen gefunden. Zwei auf dem Wormser Rathaus bewahrte stammen wohl auch aus dem Rheindiluvium. Im Jahre 1828 wurde bei Speyer ein Schädel aus dem Rheine gezogen. In Mannheim fischte man zwei Schädel u. s. w. und p. 159: „Deutschland gehört zu den reichsten Fundgruben der Reste des echten

---

[1]) J. Joh. Fr. Brandt: Zoogeographische und paläontologische Beiträge (aus Bd. II, der 2. Serie der Verhandlungen der russisch-kaiserlich-mineralogischen Gesellschaft zu St. Petersburg besonders abgedruckt) St. Petersburg 1867. p. 136 und Brehm, Tierleben III[3], p. 385.

[2]) Brandt: Über den vermeintlichen Unterschied des kaukasischen Bison vom lithauischen Auerochsen, Moskau 1866.

[3]) Caesar, bell. gall. VI. 28.

[4]) Schade: Altdeutsches Wörterbuch II[2], p. 1173.

[5]) Anhang zur Paläontologie von Polen; und Archiv für Naturgeschichte hgg. von Wiegmann VI. 1. p. 47—137. 1840.

[6]) Nach Matthias: Die Jagd im Nibelungenliede, p. 495, An. 2.

Urstieres (bos primigenius). Man hat darin dieselben sowohl im Diluvium als auch in noch jüngeren Schichten, und zwar nicht bloss in den nördlichen, sondern auch in den südlichen Ländergebieten von Ostpreussen und Schlesien an bis zum Rheintal, und von Württemberg bis Mecklenburg entdeckt. . . Eine namhafte Zahl von Resten des Urochsen lieferte das Rheintal, die meist in den Museen von Darmstadt, Mannheim, Frankfurt und Bonn aufbewahrt werden."

Caesar kennt das Elentier schon[1]), und auch die alten Germanen erkannten das Tier an seiner Fährte: quarum ex vestigiis cum est animadversum a venatoribus, quo se recipere consuerint. . . . Schon frühzeitig ist es ausgestorben, wenigstens sehr selten geworden; bereits Otto I. gab Befehle gegen die Jagd dieses Tieres, sowie des Schelches. Keiner, so sagt eine Urkunde von 943, soll ohne die Erlaubnis des Bischofs in pago Trentano diejenigen Tiere jagen, quae teutonica lingua elc aut schelc appellantur. Dieses Verbot wird 1006 und 1025 wiederholt.

Leunis[2]) gibt an, dass die Elentiere 1746 aus Sachsen, 1769 aus Galizien, 1776 aus Schlesien und zu Beginn des 19. Jahrhunderts aus Preussen verschwanden. Nur noch in einigen königlichen Forsten, z. B. Ibenhorst bei Tilsit, halten sie sich bei sorgfältigster Schonung.

Der Schelch wird auch oft erwähnt; jedoch ist uns das Wesen dieses Tieres unbekannt. Man hat den Versuch gemacht, den Schelch als das männliche Elentier hinzustellen[3]). Andere finden in dem Schelch den Bockhirsch (tragelaphus, hircocervus) oder Riesenhirsch (giganteus, megaceros[4]). Sein Aussterben wird sehr früh erfolgt sein.

Das Wildpferd hat sich am längsten gehalten, „noch bis zur Zeit unserer Grossväter" namentlich in dem Gebiete zwischen Rhein und Weser[5]). „So waren ehemals fast alle Gaue unseres

---

[1]) Caesar, bell. gall. VI. 27. appellantur alces.

[2]) Synopsis des Tierreichs, I². p. 164.

[3]) Bujack, Preuss. Provinzialbl. 17. p. 97. 1837. v. Pusch. p. 133.

[4]) Pfeiffer, Germ. VI. p. 225. Brandt, p. 193 und p. 96. cervus euryceros.

[5]) Die Geschichte der Wildpferdezucht, das Blühen und Vergehen der Wildbahnen, das Leben und Treiben der Wildlinge wird durch Wort und Bild zum erstenmale veranschaulicht in dem Prachtwerk „Das Deutsche Ross in der Geschichte, in Sitte und Sage" v. F. C. Devens — T. Rocholl.

Vaterlandes, die buschige Weide und Holzmark, das Gebirge und die Ebene, überall dort, wo ihnen die Ansiedelung einen angemessenen, ungestörten Bereich überliess, der Tummelplatz eingeborener Wildrosse: der Stolz der Nation, ein Bild ihrer ungezähmten Kraft und ein Zeichen ihres Wohlstandes"[1]). „Wer denkt wohl daran, dass, wo heute im rheinisch-westfälischen Kohlengebiete das Dampfross auf zahllosen Schienensträngen tausend Wagenladungen stündlich nach allen Himmelsgegenden befördert, wo hunderte von Schornsteinen über tiefen Schächten emporragen und der Boden unter den wuchtigen Eisenhämmern erzittert, dass dort dereinst auf meilenweiten Flächen, die nur selten eines Menschen Fuss betrat, abertausend Wildpferde, in Rudeln geschart, fessellos dahinstürmten?"[2])

Mit Zunahme der Bevölkerung und der Ansiedelungen wurden natürlich ihre sonst fast unbegrenzten Tummelplätze eingeschränkt und die Wildpferde in bestimmte Wildbahnen zurückgedrängt. Wir finden das deutsche Wildross in folgenden Bahnen: Im Emscherbruch, im Duisburger Walde, im Merfelder-, Letter-, Gescher-, Stever-, Diepenbrocker-Bruche, im Davert-Walde bei Münster, im Arnsberger-Walde, Hardehauser-Walde, im Reinhards-Walde, in der Senne und in der Pfalz. Zahllose Herden wilder Pferde durchstürmten diese Wildbahnen noch bis zu Anfang des vergangenen Jahrhunderts. Im Emscherbruche verschwinden mit dem Jahre 1825 die wilden Pferde gleichzeitig mit der Teilung des Emscherbruches. Im Duisburger-Walde wurde die letzte Jagd auf wilde Pferde am 9. Dezember des Jahres 1815 mit Unterstützung von 2600 Treibern gehalten; man fing ungefähr 260 dieser Wildrosse. Zu derselben Zeit ungefähr wurden die Wildgestüte auch in den anderen Wildbahnen aufgehoben. In dem Landkreise Dortmund, in meiner Heimat, weiss man noch immer zu erzählen von den Wildpferden des jetzt verstorbenen Tierarztes Blomberg, der diese Tiere immer noch fuhr und ritt.

Ein arger Feind der Wildpferde war der Wolf. Mit aller Mühe betrieb man die Ausrottung dieses Tieres. Die Regierung setzte 25 Reichstaler auf jeden Wolfsbalg. Der Wolf verschwand jedoch erst im 18. Jahrhundert; im Harz wurde der

---

[1]) Devens-Rocholl p. 64.

[2]) Devens-Rocholl p. 19.

letzte im Jahre 1798 erlegt. Der Bär hat schon früher das deutsche Gebirge verlassen; der letzte Bär im Harz wurde 1705 getötet. Der Luchs dagegen hielt sich am längsten; für ihn gilt das Jahr 1818 als sein letzter Aufenthalt in Deutschland. Das Dammwild, das in heutiger Zeit viel erjagt wird, fehlte damals vollständig. Erst gegen Ende des 16. Jahrhunderts tritt es in den deutschen Wäldern auf. Das Eichhörnchen galt als jagdbares Tier, wie es jetzt noch in Nordamerika des Fleisches wegen erlegt und auf den Märkten feilgeboten wird, während man die heute viel gejagten Fasane nur zur Zierde an den Höfen der Grossen fand. Ausserdem nennen die Urkunden das Rotwild, Schwarzwild und die Gemsen, welche, abgesehen von den letzteren, in allen Teilen Deutschlands verbreitet waren. Die Vermehrung des Rot- und Schwarzwildes nahm natürlich infolge der Hegungen seitens der Landesherren beständig zu. Überall im Gebirge war der Hase heimisch. Ferner bot das in dem stark bewaldeten Gebirge der deutschen Gaue weit verbreitete Federwild reiche Gelegenheit zur Jagd. Ein Fluss besteht von Natur aus einem ganzen Bündel verschlungener Arme, die verworren sind wie die Fäden in einem Strange Garn. Überall findet man Altwasser, Sümpfe mit Ried und Schilf überwachsen, wimmelnd von Wildenten, Reihern, Rohrdommeln und allerlei Wasservögeln. Fischotter und Biber sind an solchen Flüssen auch zahlreich. — Eine schöne Jagdgelegenheit.

Eine Schonzeit im heutigen Sinne kannte man nicht; es gab ja Wild in grosser Menge. Jedoch lehrte die Erfahrung von selbst, wann das Wild jagdreif und daher zum Jagen empfehlenswert war.

Im September, um das Fest des heiligen Kreuzes, da ist die Zeit, den Eber zu jagen[1]), wo er sich mit Nüssen, Eicheln und Buchecken mästet und die dürftigere Nahrung, Schalen und Wurzeln, verschmäht. Im Oktober zu Michaelis jagt man gern die feisten Hirsche[2]).

In dem schon erwähnten Gedicht „La chace dou Cerf" finden wir auch einige Notizen über die Jagdzeit. Den Winter

---

[1]) Parton, 324: Zur heiligen Kriuzes messe, Sô die wilden eber sint Ze jagen zitic und der wint Daz loub beginnet rêren.

[2]) Aye d'Avignon, p. 55.: Ce fu à une feste du baron saint michiel, Que le cerf sonst de gresse et l'en les doit chacier.

hindurch jagt man das Wildschwein bis gegen die Fastenzeit, wo alsdann die Hasenjagd einsetzt.

„Et quant li arbre floriront,
Que li prinstens aprochera,
Lors prens tes chiens et si t'en va
Là où tu cuideras trouver
Miex le serf, pour aus encharner;
Et lor aie à ton pooir
Du serf à prendre et à avoir;
Et la cuiriée lor en fai
Mengier“.

„Die beste Jagdzeit ist um Magdaleni“ (13. Juli)[1]).

Man hatte also noch keine streng abgegrenzten Jagdzeiten. Der Wildstand bedurfte noch keiner Schonung. Im Frühlinge lockte die neu erwachende Natur den Jäger in den Wald hinaus, und im Winter brachte die Jagd eine angenehme Abwechselung in das Einerlei des täglichen Treibens. Erst im 13. Jahrhundert, als das Wild infolge der grossen Rodungen abnahm, war man bedacht auf die Erhaltung und Verbesserung des Wildstandes, und man verbot während der Setzzeit die Jagd [2]).

Das Jagdrecht, das allen freien Deutschen überall auf ihrem Eigentum beziehungsweise auf der Allmende zustand, unterlag sehr starken Veränderungen. Namentlich in der Zeit der sächsischen und fränkischen Kaiser wurde das Jagdrecht von dem Boden losgelöst und als ein Privilegium besonderer Personen behandelt. Der freie Mann verlor also das Recht des Jagens auf seinem eignen Boden. Überall entstanden die grossen Bannforste der Könige, die sich nicht nur auf ihre eignen Besitzungen ausdehnten, sondern auch auf fremde, und in denen zu jagen anderen Personen bei des Königs Bann verboten war. „Welchen Umfang die Inbannlegung allmählich annahm, kann man darnach beurteilen, dass in der Moselgegend 1025 ein Viertel des ganzen Landes im Wildbanne lag“ [3]). Mit der Zeit erhielten das Jagdrecht dann auch andere Personen, meistens aus dem hohen Adel, für ihr eigenes und auch für fremdes Gebiet. Besonders geistlichen Stiften wurden Bann-

---

1) Schultz, p. 465.

2) Schwappach, I. p. 224.

3) Lamprecht: Deutsches Wirtschaftsleben im Mittelalter, angeführt von Hausrath: Deutschlands Wald im Wechsel der Zeit.

forste errichtet. Von 115 solcher Bannforste, die Roth, p. 219, aufzählt, befanden sich 82 in geistlichen Händen. Jedoch wurde bei der Verleihung des Jagdrechtes hinsichtlich des Wildes, auf das sich die Jagd erstreckte, ein Unterschied gemacht. Die Jagd auf Rot- und Schwarzwild und ebenso das Federspiel waren oft von dem Jagdrecht ausgeschlossen. Die Erlegung des Raubwildes war überall jedem gestattet noch bis ins 13. Jahrhundert hinein[1]).

Man unterschied auch frühzeitig zwischen der hohen und niederen Jagd, wenn auch der rechtliche Begriff derselben noch nicht bestand. Der Inhaber eines Wildbannes konnte seinen Freunden und Bekannten die sogenannte Gnadenjagd gewähren[2]). Nach altdeutschem Gebrauch hatte der Jäger das Recht der Wildfolge, d. h. 24 Stunden lang darf er das angeschossene Wild auf fremdem Boden verfolgen und das erlegte beanspruchen. Die ganze Art und Weise des Jagens in dieser Zeit machte es unmöglich, die Grenzen der Jagdbezirke genau einzuhalten.

Eine Menge von Aufzeichnungen gibt uns Nachricht von der eifrigen Pflege der Jagd, sei es von der fleissigen Übung in der Jugendzeit, sei es von der Ausübung in späteren Jahren. Von Dagoberts und Karls des Grossen Jagdübungen in ihrer Jugendzeit erfahren wir Script. rer. Mer. 2. 401[3]) u. Einhardi vita Karoli cap. 22. SS. 2. 455[4]).

Von Chilperichs Jagdliebhaberei hören wir Script. rer. Mer. 1, 1, 286 (Gregor 6,46)[5]). Über Karl den Grossen liegen zahl-

---

[1]) Sachsenspiegel und Schwabenspiegel.

[2]) M. G. DD. I. (ad annum 912). 4. (3).

[3]) Cum autem adolescentiae aetatem, ut genti Francorum moris est, venationibus exerceret, agere cervum quadam die instituit. Qui facile repertus, oblatrantibus atque certatim insequentibus canum agminibus, ea pernicitate qua illud animae fertur silvas montesque et, si qua occurrere, flumina transcurrens, canum industriam effugere conabatur.

[4]) Exercebatur assidue equitando ac venando, quod illi genti licuum erat; quia vix ulla in terris natio invenitur, quae in hac arte Francis possit aequari.

[5]) His itaque cum haec praeda pergentibus, Chilpericus, Nero nostri temporis et Herodis, ad villam Calensem, quae distat ab urbe Parisiaca quasi centum stadiis, accedit; ibique venationes exercuit. Quadam vero die regressus de venatione iam sub obscura nocte, dum de equo susceperitur.

reiche Nachrichten vor, ebenso über Ludwigs des Frommen Jagden, wobei mehrfach die autumnalis venatio erwähnt wird[1]). Paul Lacroix schreibt in seinem Werk „Moeurs, usages et costumes au Moyen-âge" p. 192 von Karl dem Grossen: „L'infatigable empereur, quoique toujours en guerre sur tous les points de l'Europe ne manquait jamais une occasion de chasser; on eût dit, qu'il se reposait à courir les forêts". Die Jagd war so sehr Lieblingssache der Freien, dass man die wichtigsten Geschäfte darüber hintansetzte und Karl sich genötigt sah, zu befehlen, dass die Grossen an den Gerichtstagen nicht auf die Jagd gehen sollten[2]). Gleichfalls künden zahlreiche Nachrichten von der Jagdliebe der sächsischen Herrscher, namentlich von Heinrich I.

Über die einzelnen salischen Kaiser finden wir nur wenige zerstreute Notizen. Über Konrad II. lassen uns die Quellen im Stich. Von Heinrich III. meldet Lambert von Hersfeld aus dem Jahre 1056, er sei von Goslar nach Botfeld gereist, um dort zu jagen[3]). Eben von dieser Jagd berichtet uns auch ein Mönch von Herrieden in dem „Anonymus Haserensis de episcopis Eichstetensibus" und erwähnt, dass er sich auf dieser Jagd den Tod geholt habe[4]). Die Vorliebe der Jagd bei Heinrich III. scheint bei seinem Nachfolger mehr als Leidenschaft entwickelt zu sein, wenn wir den allerdings mehr oder weniger parteiischen Zeitgenossen Glauben schenken dürfen[5]). Dass er Falken mit sich hat führen lassen, davon gibt Nachricht der sächsische Geschichtschreiber Bruno: „Lupoldus, frater Bartholdi, Regis consiliarii, qui et ipse eius consiliarius erat, dum quadam die iuxta regem equitans cum eo quoslibet

---

[1]) Annales regni Francorum a. 817. 819. 820. 823. 825. 826. 829. ed. Kurze pag. 146/7. 152. 154. 155. 159. 162. 167/8. 171. 177.

[2]) Cap. III. a. 789.

[3]) Lambert v. Hersfeld, 1056.: Inde (Goslaria) profectus Botfelden, cum ibi aliquamdiu venationi deditus moraretur.

[4]) M. G. SS. VII. 253—267. Paucis interpositis diebus autumnali venatione gratissimo utique sibi occupatus studio in nemore Hart nuncupatus, ultimam valetudinem incidit (imperator).

[5]) M. G. SS. VI. 199 ad an. 1068: Henricus rex adolescentiae usus libertate Saxoniam solam ex omni Romano imperio coepit incolere, principes despicere, nobiles opprimere, inferiores sustollere, venatui, lusibus ceterisque huiusmodi exercitiis plus quam iustitiis faciendis, ut incusatus est, operam dare.

sermones conferret, accipiter, quem sinistra portabat, volitare coepit, quasi capturam peteret."

Von Heinrich III. sollen zwei verschiedene Siegelabdrücke an Urkunden aus den Jahren 1041 und 1053 bestehen, ebenso zwei Siegel von Heinrich III., welche den Kaiser mit dem Falken auf der Faust zeigen. Ebenfalls sind angeblich von Heinrich IV. Münzen vorhanden, welche neben dem Bildnisse des Kaisers den Falken und auf der Rückseite die Stadt Daventria mit der Umschrift „Nubo" zeigen [1]). In der Jagdliteratur wird stets auf diese Siegel und Münzen hingewiesen, jedoch bezweifle ich das Vorhandensein derselben sehr. Weder Heffner [2]), Die deutschen Kaiser- und Königssiegel, kennt die Siegel, noch H. Dannenberg, Die deutschen Münzen der sächsischen und fränkischen Kaiserzeit 1877—1898, die Münzen. Bei den Siegeln wird es sich um eine falsche Auffassung des Vogels auf dem Szepter handeln. Auf guten Glauben hin ist wohl immer die Annahme von der Existenz der Siegel und Münzen übernommen und jede genauere Untersuchung darüber ausser acht gelassen worden.

Über Heinrich V. finden wir weiter keine Nachrichten.

In der Ausübung des gesamten Regierungsgeschäftes der Könige lag es, dass sie von einem Ort zum anderen zogen, wobei auch die Jagdliebe unzweifelhaft ein entscheidendes Motiv der Wahl abgegeben haben mag. Zur Jagd gehören aber natürlich auch Jagdpfalzen, wenigstens musste der König nach der Jagd einen Aufenthaltsort haben, wo er mit seinem Gefolge nächtigen konnte. Dass sich an die Jagd und die Zubereitung des erlegten Wildes ein fröhliches Gelage anschloss, liegt nahe und ebenso, dass dort, wo der König häufig der Jagd halber weilte und für entsprechende Unterkunft keine Sorge getragen war, er sich solche selbst verschaffte, er sich also nach heutigen Verhältnissen ein Jagdschloss baute. Schon in der Merovingerzeit finden wir eine Reihe von Jagdpfalzen [3])

---

[1]) Vgl. Stisser, U. Editio II. p. 124. u. Beckmann, Historia des Fürstentums Anhalt, IV. C. III.

[2]) Ebenso kennt sie nicht H. Breslau, Die Siegel der deutschen Könige und Kaiser aus der salischen Periode N. Archiv. VI.

[3]) Script. rer. Mer. 1. 1. 286.: ad villam Calensem, quae distat ab urbe Parisiaca quasi centum stadiis, accedit. (Calensem-Chelles Pfalz.) Script. rer. Mer. 2. 401.: Tandem ergo victus ad vicum qui

mitten in den grossen Wäldern[1]), die das Land bedeckten. In der Vita Leonardi Confessoris Nobiliacensis treffen wir auch eine derartige Notiz (Script. rer. Mer. 3,397 c. 4): „Tandem intravit quandam silvam, cui vocabulum est Pavum. Quae denique silva satis erat habundans et plena ferarum, propterea que reges Galliae atque etiam duces Aquitaniae consueverant in ea ire venatum. In praefata vero silva regalis habebatur sala, causa venationis antiquitus praeparata (la forêt de Pauvain)."

Catulliacus dicitur se contulit. Hic ab urbe, quae Lutecia sive Parisius vocatur, quinque ferme milibus abest. (Locus e basilica S. Dionysii postea nomen traxit Saint-Denis, conf. Lognon, Geographie, p. 362.)

[1]) Script. rer. Mer. 2, 278. Gesta Abbatum Fontanellensium. 6. silva Arlaunus, la forêt de Bretonne (an der unteren Seine), eine Beschreibung des Waldes und seiner Ausdehnung. Mehrfacher Aufenthalt von Königen. Script. rer. Mer. 2, 282, in Arelauno, dortselbst auch die Literatur zu dem Walde. Script. rer. Mer. 2, 306, Chlotarius namque a Parisius exiit et Arelauno silva ingressus est. Mabillon, Acta Sanctorum ord. S. B. saec. II. Vita s. Condedi 5. 863, saltus Arelaunensis. Script. rer. Mer. 2, 169, „in Lauconis silvam." (la forêt de Livry). Script. rer. Mer, 1. 1, 103. per Buconiam silvam, Buchoniam und Bocchoniam.

III. Kapitel.

Die Pfalzen.

Betrachten wir nun die Lage der einzelnen Pfalzen. Zunächst liegen uns die Pfalzen der Rheingegend. Ehe wir zu einem Schluss darüber kommen, welche Gründe massgebend waren für den Aufenthalt in der einzelnen Pfalz, müssen wir zuerst ihre topographische Lage, die Nachbarschaft der Wälder, die jetzige und, soweit als möglich, die frühere Ausdehnung derselben ins Auge fassen.

Rheinprovinz.

In der Rheinprovinz liegen, der Natur des Bodens entsprechend, die Waldungen zum grössten Teil im Gebirge; so rechnet man, dass circa 500000 ha im Gebirge liegen, 200000 im Hügellande und 100000 in der Ebene. Es ist also vorzugsweise der Wald auf demjenigen Boden erhalten worden, der keine andere rentablere Nutzung zuliess. Ein anderer Faktor, der den Ertrag des Bodens mindert, ist das ungünstige Klima. Auf den rauhen Höhen der Eifel erwacht die Vegetation spät, während die Täler, besonders wenn sie nicht zu enge sind und dadurch nicht zu sehr im Schatten liegen, günstiger gestellt sind. Schneefälle im Anfange des Frühjahrs und Nachtfröste bringen der Vegetation, auch dem Walde, Schaden. Auf dem Silurboden des hohen Venn können bei den starken Regenniederschlägen Wälder kaum aufkommen. Daher grosse Verbreitung von Moor. Hiermit hängt zusammen die geringe Verbreitung von Wald in den Kreisen Prüm und Malmedy und im Westen der Eifel überhaupt, während dagegen die Weiden sehr verbreitet sind.

Viel günstiger als im Grauwackegebiet der Eifel liegen die Verhältnisse im Buntsandsteingebiet des Südens. So finden wir z. B. im Kreise Saarbrücken 43 %, Merzig 37 %, Saarburg 38 % Wald und zwar mit hohen Reinerträgen von 13, 9, 8 Mark pro ha, während der Durchschnittsertrag der Regierungsbezirke Koblenz und Trier bloss 7 Mark beträgt, in Montjoie und Malmedy dagegen bloss 3 Mark. Was Grauwacke anbetrifft, so setzen sich die Kreise Montjoie, Schleiden, Prüm, Adenau, Cochem fast ausschliesslich aus Grauwacke zusammen.

Interessant ist es, dass im Kreise Mayen sich wenig Wald befindet, da Basalttuff, Trachyttuff und Bimssteinsand, welche den Kreis zum grössten Teile bedecken, die Ursache eines besseren Bodens und grösserer Verbreitung von Ackerland sind. Südlich der Mosel dagegen finden sich grosse und geschlossene Waldungen auf dem Hundsrück. Auf dem Boden der nördlichen Ebene trifft man Wald nur auf dem schlechten Diluvialboden von Cleve.

Aus der Verwitterung des Gesteins entsteht der Boden. Er ist also, sofern keine Anschwemmung stattfindet, abhängig in seiner Zusammensetzung von dem ihm unterliegenden Gestein, in seiner Mächtigkeit dagegen von der Steilheit des Gehänges; je steiler der Hang, um so dünner die Bodenschicht, die ihn bedeckt. Durch einen Vergleich der Meitzenschen Bodenkarte mit der geologischen Karte von Lepsius finden wir, dass „Ton auf der Höhe" vorzugsweise dort auftritt, wo sich Grauwacke findet. Die geologischen Messtischblätter konnten wir nicht vergleichen, weil sie für das Rheinland nur zum kleinen Teil erschienen sind und zwar für den Süden. Hieraus allerdings findet sich, dass das Buntsandsteingebiet die meisten und, wie aus dem Gemeindelexikon zu ersehen ist, auch die besten Wälder trägt. Vergleicht man nun die Bodenkarte des Rheinlands mit einer Bewaldungskarte, so ergibt sich ein gewisser Parallelismus zwischen beiden, indem der östliche Teil, wo „Ton auf der Höhe" vorherrscht, auf eine starke Bewaldung zeigt. Eine auffällige Ausnahme bildet der Kreis Malmedy, wo der Wald bloss 25 %, die Weide dagegen 38 % einnehmen; es ist letzterer der höchste Satz, der in der ganzen Provinz vorkommt. Es mag das mit der Nähe des hohen Venn und den starken Niederschlägen zusammenhängen. Die geringe Meereshöhe, die bloss zu 695 m aufsteigt, kann doch nicht die Ursache sein.

Von grossem Einflusse ist selbstverständlich die Höhenlage. Leider fehlt eine gute Höhenschichtenkarte der Rheinprovinz.

Gäbe es Berechnungen über die Durchschnittshöhe der einzelnen Kreise, so könnte man diese Zahlen mit der Bewaldungsziffer vergleichen. So kann man sich nur an die Quellgebiete der Flüsse halten. Die Höhen, auf welchen die Quellen von Roer, Ahr und den Nebenflüssen der Mosel liegen, fallen hauptsächlich in die Kreise Malmedy und Prüm. Hier ist aber viel Schiffelland entwickelt, während die stärkste Bewaldung vorhanden ist in Kreisen, wo man sie nicht vermuten sollte, nämlich in Montjoie, Altenkirchen und St. Goar. Überhaupt ist es auffällig, dass Weiden und Wälder sich in der Eifel in der Weise ergänzen, dass jene im Westen und diese im Osten vorwiegen.

Was die Waldzusammensetzung angeht, so sind für die Staatsforste genauere Daten vorhanden, für die Privatforste dagegen sind bloss die Zahlen für die Regierungsbezirke bekannt. Bei der statistischen Erhebung vom Jahre 1883 wurden die Bestandesarten der verschiedenen Forste erhoben, und zwar für die gesamten Forste. So ist z. B. im Regierungsbezirk Düsseldorf der Kiefernwald mit 31, Buchen- mit 85, Mittelwald mit 14 % vertreten, in Cöln Mittelwald mit 47 % und Eichenschälwald mit 14 %. Die Statistik für die Staatsforsten dagegen nennt z. B. für den Königsforst im Regierungsbezirk Cöln bei einer Totalfläche von 3300 ha in runden Zahlen an Hochwald 700 ha Eichen, 500 ha Buchen, 1500 ha Kiefern und 400 ha Fichten.

Was die einzelnen Waldorte angeht, so sind Buchen vorherrschend in Trier und Koblenz mit 30 beziehungsweise 26 %. Die Kiefern herrschen vor in Düsseldorf, während Fichtenwald für Aachen und Eichenschälwald für Cöln charakteristisch ist. Auffällig ist es, wie der Staat den Hochwald bevorzugt. Während, wie gesagt, in Koblenz und Trier Niederwald grosse Strecken einnimmt, hat der Staat z. B. in Koblenz bei 26 000 ha Gesamtwaldung bloss 3000 ha Niederwald; der Rest ist Hochwald. Ähnlich stellen sich die Zahlen bei den übrigen Bezirken des Rheinlandes. Der Staat kann eben Hochwald kultivieren, weil er kapitalkräftiger ist als der Privatmann, beziehungsweise die Gemeinde.

Hagen-Donner[1]) sagt, das Nadelholz sei erst seit dem Ende des vorigen Jahrhunderts eingeführt. Nach den von ihm

[1]) Hagen-Donner: Die forstlichen Verhältnisse in Preussen.

aufgestellten Tabellen überwiegen allerdings bei den Nadelhölzern die Altersklassen mit 20- und 40-jährigen Bäumen, während bei dem Laubwald mehr 80- und 100-jährige vorkommen.

Wie früher bemerkt, kann man aus den Orten mit der Endung „rot" und „rath" auf Rodungen, also auf ein früheres Vorhandensein des Waldes schliessen. Damit soll aber durchaus nicht gesagt sein, dass Orte ohne diese Endung nicht auch Rodungen sein können. Wenn ein Ort in einer Waldlücke liegt, also ringsum eingeschlossen vom Walde, so ist er selbstverständlich eine Rodung, mag der Name darauf deuten oder nicht. Man sehe z. B. den Höhenzug an, der sich auf der linken Seite des Rheines von Bonn abwärts bis nach Cöln erstreckt, das sogenannte Vorgebirge oder die Ville. Eine Menge von Lücken unterbrechen die zusammenhängende Waldmasse, Lücken, welche inselförmig im Walde isoliert sind, Ackerinseln, beziehungsweise solche, welche vom Rande aus in den Waldkörper hineinschneiden. Man betrachte nämlich auf der Übersichtskarte 1 : 200000 die Gegend zwischen Frechen und Kerpen. Wir finden da Benzelrath, Hemmerbach, Habbelrath, Mödrath, Rottenbroich, Sophienhof, Ursfeld, Aldenrath, Berrenrath, Knoprack, Burbach, Hürth, die sämtlichen Bergäcker der Dörfer Kendenich, Fischenich und Vochem, alles in den Wald hineingeschorene Lücken. Interessant in dieser Hinsicht ist auch die Gegend von Sechtem, die Lücken, welche in den Wald bei Rösberg, Hemmerich, Üllekoven, weiterhin bei Metternich, bei dem Dietzhofe in der Nähe von Heimersheim in den Wald geschoren sind. Auf den Messtischblättern vom Rheinlande lassen sich Hunderte solcher Beispiele nachweisen. Man betrachte nur die Gegend bei Schleiden, Münstereifel, wo Rodungen gruppenweise zusammenliegen, ohne dass die Namen der Dörfer einen besonderen Anhalt böten. Wir kommen also auf ein völlig neues Prinzip. Nicht bloss aus dem Namen einer Ortschaft lässt sich eine Rodung nachweisen, nein, auch aus der Lage als Ackerinsel, beziehungsweise als Einschnitt in den geschlossenen Waldrand. Wie sehr die Waldmassen sich ändern, wie sehr an der einen Stelle gerodet, an der anderen dagegen wieder aufgeforstet wird, finden wir aus einer alten Statistik über das Rheinland vom Jahre 1830 und dem Vergleich mit dem Stande von 1885, ein Zeitraum also, welcher ein halbes Jahrhundert umfasst. So wurden im Regierungsbezirk Cöln allein 29000 Morgen gerodet, dafür aber 62000 Morgen aufgeforstet, ein Gewinn also von 33000 Morgen und eine Veränderung der Lage des Waldes von 91000 Morgen. Im Regierungsbezirk Trier, wo die Rodung 105000 Morgen, die Aufforstung 68000 Morgen betrug, war der Waldverlust 37000 Morgen und die Veränderung 173000 Morgen. In Wirklichkeit sind diese Veränderungen in den Regierungsbezirken noch viel grösser gewesen, indem diejenigen Änderungen, welche innerhalb der einzelnen Kreise vorgingen, nicht berücksichtigt wurden. War z. B. der Waldbestand des Kreises 60000 Morgen, wurden hiervon 10000 Morgen gerodet und ebensoviel wieder aufgeforstet, so erscheint in beiden Jahren, 1830 sowohl wie 1885, die Zahl von 60000 Morgen. Es scheint also nichts verändert zu sein, während die wirkliche Veränderung 20000 Morgen betrifft. Es betrug der Wechsel in Prozenten der damaligen Waldfläche für den Regierungsbezirk Trier 18 %. Wenn nun im Zeitraum eines halben Jahrhunderts ein solcher Wechsel der Waldfläche eintreten kann, was mag dann in einem halben Jahrtausend vorgekommen sein? Man wird unwillkürlich an das Wort in Grimms Märchen erinnert, wo der Zwerg sagt: „Ich bin so alt wie der Westerwald und habe gesehen, dass er siebenmal Wiese und siebenmal Acker und Wald war.“ Die vorhin ausgesprochene Ansicht über die Veränderlichkeit der Bodenkultur ist also dem Volke längst geläufig.

Ich will noch anführen, dass in ähnlicher Weise auch das Ackerland gewechselt hat. So nahm es z. B. im Regierungsbezirk Düsseldorf in dem angegebenen Zeitraume 16 % zu, im Kreise Prüm 133 %. Weitere Zahlen anzuführen, ist wohl überflüssig. Es wäre leicht, die Beispiele ins ungemessene zu vermehren.

Wie viele Rodungen schon von den Kelten herrühren, zeigt sich darin, dass gerade in den Kreisen mit dem besten Ackerland die Orte auf -ich am häufigsten vorkommen. Während der Reinertrag der Provinz etwa 30 Mark pro ha ist, haben die Kreise Düren mit 13 Orten auf -ich 45 Mark Reinertrag, Euskirchen mit 20 Orten 45 Mark, Jülich mit 7 Orten 69 Mark. Im Regierungsbezirk Koblenz ist der Kreis Mayen mit 15 Orten besser als die umliegenden Kreise; ähnlich ist es bei Trier mit 14 Orten. Es ist dies also ein indirekter Beweis dafür, je besser das Land ist, um so älter ist die Rodung.

Aachen.

Aachen liegt in einem weiten Kessel, dessen nördlichen Abschluss der 60 Meter hohe, waldige Lousberg bildet. Sanfte, mit Waldungen bedeckte Hügel erheben sich in einem ausgedehnten Kreise um die Stadt. „Wenige grosse Städte besitzen einen solchen Reichtum von leicht erreichbaren, schön gepflegten Waldwegen, wie sie Aachen in seinen waldigen Höhen im Süden hat.“ Aachen bildet den Eingang zu der waldreichen, gebirgigen Erhebung, die, fest bei der Stadt beginnend, sich nach Süden erstreckt, während nach Norden und Nordosten schon in einer Entfernung von einigen Kilometern sich die grosse, fruchtbare, wenig bewaldete Ebene ausdehnt. Die Hügellandschaft im Süden bildet ein Hochland von durchschnittlich mehr als 200 Meter über dem Meere. Schon etwa 4—5 Stunden von Aachen in südlicher Richtung erhebt sich das Hohe Venn, das dem Rheinischen Schiefergebirge vorgelagert ist. Jene, meist mit Tannen und Eichenwald bestandenen Hügel dehnen sich südwestlich bis zur Maas aus, während sie östlich bis an die Roer treten. Im Süden von Aachen gibt es zwei bedeutendere Wasserläufe, die Inde und der Wildbach, beide tief eingeschnittene, enge, dichtbewaldete Täler durchfliessend, im allgemeinen von Südwesten nach Südosten gerichtet, bis sie sich bei Stolberg, 2 Stunden östlich von Aachen, in einem von hohen Bergen gebildeten Tale treffen, um dann unter dem Namen Inde das Tal zu verlassen, bald in die Ebene einzutreten und bei dem Dorfe Inden, unweit Jülich, sich in die Roer zu ergiessen. Noch heute ist im Unterschiede von dem nördlich von Aachen gelegenen Flachlande der gebirgige Süden stark bewaldet, wenngleich starke Rodungen Viehweiden geschaffen haben, wie die Bevölkerung neben wenig Ackerbau hauptsächlich Viehzucht treibt. In nächster Nähe der Stadt, nach Süden und Südwesten sich erstreckend, beginnt der sogenannte „Aachener Wald“, der sich nach Belgien fortsetzend einen bedeutenden Waldkomplex darstellt. Nach den vier Messtischblättern Herzogenrath, Eschweiler, Aachen und Stolberg liegt südwestlich von dem Laufe der Inde bis gegen Eschweiler, Broich, Herzogenrath ein Gebiet, dem man eine frühere Bewaldung zuschreiben kann. Der heutige Wald reicht an der Inde hinab bis Roer bei Stolberg. Es ist dieses, abgesehen von dem Bestande auf dem rechten Ufer, der Münsterwald, Branderwald, Atscherwald, Probsteiwald und der Reichswald. Von der Roer ab zieht sich eine Waldgegend südlich um Aachen herum. Breite Waldstreifen bedecken die Ufer der Wurm und des Herzogenrather Baches. Von Waldnamen in der Gegend von Aachen nennen wir den Aachener Stadtforst, Moresneter-Wald, den Herzogenrather-Wald, Burtscheider Stadtforst und den Augustiner-Wald. Ein indirekter Beweis für die frühere Bewaldung der Aachener Gegend ist die Tatsache, dass jetzt die Reichsgrenze hindurchgeht. Man zog die Grenzen durch die Wälder; das Wort Mark bedeutete beides. Es ist dieses auch psychologisch zu erklären, indem feindliche Nachbarn sich über den Besitz einer wertlosen Sache, wie des Waldes, leicht verständigen konnten. Für die Bewaldung dieser Grenzgegend gibt es natürlich auch direkte Beweise. Solche Namen wie Hasselholz, Hahnbruch, Muffert, Reutershag liefern dieselben. Derartige Namen würden sich ohne Zweifel vervielfachen lassen, wenn man die Katasterkarten einsehen würde. Nach Osten liegt direkt vor den Toren der Flecken Forst. Weiter finden wir nach Norden vorgehend den Hof Rott und Röthgen, den Ort Verlautenheide; der Ort Haaren mag ebenfalls sich auf den Wald beziehen (man denke an die Bezeichnung Rothaargebirge-Rotthardt). Weiter gegen Norden liegt Hasenwald und Försterheide. Wir haben also die Waldlinien um Aachen geschlossen. Noch jetzt ist der Wald im Süden vorhanden; erst spät scheint er im Osten gerodet worden zu sein (Forst, Haaren und Verlautenheide), früher im Norden. Es ist dieses erklärlich; denn auch jetzt führen die Hauptverkehrsstrassen nach Norden.

Ein topographisches Bild der Stadt Aachen, wie sie vollständig von Wald eingeschlossen war, gibt aus historischer Zeit der Papst Hadrian in einem Schreiben vom 19. März des Jahres 1158 an die Erzbischöfe von Mainz, Trier und Cöln, indem er schreibt, der Sitz des deutschen Reiches befinde sich in dem Ardennenwalde [1]).

---

[1]) Jaffé-Löwenfeld, Reg. Pontif. Rom. 10393 T. II. Wattenbach, Archiv f. K. österr. Gesch. XIV 89. Jaffé bezeichnet dieses Schreiben ebendort p. 60 als unecht. Hahn, Collectio mon. I. 122.

In älterer Zeit erstreckte sich überhaupt über das ganze Gebiet von der Schelde über die Maas bis an den Rhein der Ardennenwald[1]). In der Merovingerzeit bezeichnet man denselben auch mit dem Namen Kohlenwald (silva carbonaria[2]). Seit dem 8. Jahrhundert führt er den Namen Osning[3]), wie ja auch andere Wälder und Gebirge mit diesem Namen bezeichnet worden sind. Wandelbert von Prüm gedenkt in seinem Martyrologium, das er 848 veröffentlichte, der Hochwaldungen des Rheinlandes[4]).

Inmitten dieses Ardennenwaldes lag Aachen, unberührt von den grossen Heerstrassen, welche die alten Römerorte am Rheine, an der Maas und Mosel verbanden. Nur Nebenstrassen führten durch Aachen, wie die zwischen Maastricht und Düren, Jülich-Limburg, Heerlen-Trier. Der Hauptverkehr blieb von der Stadt fern, und so stand sie durch das ganze Mittelalter isoliert. Gleichwohl wurde Aachen frühzeitig eine Pfalz[5]), der häufige Aufenthaltsort der deutschen Könige. Die Lage Aachens an der Westgrenze des Reiches hinderte nicht, dass es von den Fürsten so oft besucht und liebgewonnen wurde, was auch mit dem Rufe seiner heilkräftigen Wasser zusammenhängen mag. Es hat eine Bedeutung erlangt, wie sonst keine Stadt, so dass es in einem alten Spruche von ihm heisst:

„Urbs Aquensis, urbs regalis,
Regni sedes principalis,
Prima regum curia“ [6]).

---

[1]) Caesar, l. V. c. III: in silvam Arduennam abditis, quae ingenti magnitudine per medios fines Treverorum a flumine Rheno ad initium Remorum pertinet. Bouquet, Bd. 1. p. 2400. Fredegar, Chron. 612. ibid. II. 428. 432. 441. ibd. III. 25. ib. VI. 104. 180. u. s. w.

[2]) Siegebert bei Bouquet III. 334. Vita S. Evermari ib. 637. Lex salica ib. VI. 151. Annales Bertin. ib. VI. 196. Vgl. dazu Pirenne, Die Geschichte Belgiens, I.

[3]) Acta acad. Theod. palat. III. 293.

[4]) Qua Rheni celsis succedunt aequora silvis. MG. Poetae Lat. aevi Carolini, II. 597. v. 686.

[5]) Reber: Der Palast zu Aachen. Abhandlung der hist. Com. b. d. Königl. Bayr. Akad. der Wiss. 20. 1892.

[6]) Ein anderer Spruch ist: „Aichen iss ein haubt aller steden in Gallia und Allemannien.“ Lörsch, Annalen des hist. Ver. f. d. N. No. 17, p. 1. Meyer hat in seinen „Aachenschen Geschichten“ I. p. 3 f. die Lobsprüche über die alte Kaiserstadt zusammengestellt.

Von den Zeiten Karls des Grossen ab nimmt die Beliebtheit Aachens immer mehr zu[1]). Sehr oft halten die karolingischen und sächsischen Könige zur Winterzeit daselbst ihr Hoflager. Auch unter den salischen Herrschern blieb die Aachener Pfalz nach wie vor eine der ersten und beliebtesten des Reiches. Sehr gern verweilten auch sie hier nicht nur für einige Tage, sondern auch Monate lang.

Was hat denn Aachen, das so einsam in dem Walde lag, zu dieser Bedeutung gebracht? Abgesehen vom Charakter Aachens als Badeort, ist eben hier den Herrschern Gelegenheit geboten, den Vergnügungen der Jagd in reichstem Masse nachzugehen. In den weiten Wäldern der Ardennen dehnten sich grosse Jagdbezirke[2]) (Bannforste) aus. Der nördlichste Teil des Gebietes bildete den grossen karolingischen Bannforst[3]), welcher zu der Pfalz Aachen gehörte. Er wurde in den Oberwald (ungefähr den jetzigen Kreis Montjoie und einen Teil des Landkreises Aachen umfassend) und den Unterwald (ehemaliges jülichsches Amt Wehrmeisterei) geteilt. Der Bannforst stand unter einem Waldgrafen (comes nemoris), als welchen wir 961 den Pfalzgrafen von Aachen finden, welcher diese Waldgrafschaften in Afterleben gab. „Als Förster (forestarii) standen auch die Pfalzministerialen den zu dem Palast gehörigen Waldungen vor. In dieser Oberaufsicht wird wohl der Grund zu suchen sein, warum in der Folge mehrere Höfe dieser Ministerialen in und an diesen Wäldern gefunden wurden"[4]).

---

[1]) Otto I. 316, S. 430, nennt palatium Aquisgrani praecipuam cis Alpes regiam sedem; vgl. 417 sedibusque imperatoribus locum eundem dignum extulisset. Poeta Saxo. 794. v. 47. SS. 1. 251: regia sedes inclita. Heinrich II. Lacomblet, 1. 93. u. 152. Stumpf 1705 sedi nostrae Aquensi. Von Otto II. wurde es magnum palatium genannt. Annales Quedl. 1000 SS. 3. 77. quam etiam cunctis tunc post Romam urbibus praeferre moliebatur. Otto III. 348: a nostro sacro sancto Aquisgrani palatio.

[2]) MG. Auct. antiqu. IV. 155. (IV.). MG. SS. I. 190. an. 802 u. p. 192. an. 804. MG. SS. I. 563. ad an. 802 u. ad an. 804. MG. SS. II. 625 ad an. 819 u. 645 ad an. 839. MG. SS. I. 206 ad an. 819, 207 ad an. 820 u. 821, 209 ad an. 822. MG. SS. I. 429 ad an. 835, 436 ad an. 839.

[3]) Kremer, Acta acad. Th. pal. III. 284. 302. 303. Ritz, Urkundenbuch. Aachen 1824. 130.

[4]) Quix: Die Geschichte der Stadt Aachen p. 48.

Alles Grundeigentum und das Bannforstrecht in der wenig bevölkerten Gebirgsgegend besass der König, wie die vielfach vorkommenden grossen Schenkungen und sonstigen Einrichtungen andeuten. Ludwig der Fromme gestattete dem hl. Benedikt von Aniane, zur Gründung des Klosters Kornelimünster sich eine Gegend im Ardennenwalde auszuwählen. Dieser wählte ein angenehmes Tal an der Inde, und der Kaiser schenkte dem Benedikt den ganzen Distrikt des Ardennenwaldes, welcher über eine Stunde weit das neue Kloster umgab [1]). Im Jahre 1070 schenkte Heinrich IV. der St. Lambertikirche eine Holzgerechtigkeit in den weitschichtigen, zum Aachener Palast gehörigen Waldungen [2]). Kaiser Konrad III. schenkte im Jahre 1145 dem Kloster Steinfeld den Rottzehnten vom Walberhofe bei Dreiborn [3]).

Einen Rückschluss auf den damaligen Waldbestand kann man aus der Zusammensetzung der jetzigen königlichen Forsten in der Gegend von Aachen machen. Dieselben gehören zu den Oberförstereien Hörtgen, Mulhartshütte und Eupen. Hörtgen hat in runden Zahlen 4000 ha Wald, und der Hauptbestand wird von Kiefern und Fichten gebildet. Die letzteren herrschen auch in Mulhartshütte vor, während Eupen ausser Fichten ein grosses Areal von Erlen- und Birkenwald zeigt. Das ganze Areal dieser drei Forsten ist über 12000 ha.

Was den jetzigen Wildbestand anbetrifft, um von diesem auch in etwa auf den früheren zurückzuschliessen, so kommen Hirsche noch in der Oberförsterei Eupen vor. Sauen sind ziemlich verbreitet. Birken- und Haselhühner sind auch in geringem Masse vorhanden. Bei dem vielfach vorherrschenden sumpfigen Charakter des Terrains findet man sehr viele Schnepfen. Auch ist Rehwild stark vertreten. Für die frühere Zeit ist wohl anzunehmen, dass grösseres Wild häufiger vorkam, auch Wölfe, Bären und Elche (Elchenrath) nicht fehlten.

In diesen grossen Jagddistrikten konnten die Herrscher soviel dem edlen Waidwerk obliegen, als ihre Herzen verlangten. Karl der Grosse, dessen Herz an diese Stätte gefesselt war, durchstreifte mit Vorliebe die Jagdgründe der Ardennen, und manche Villa und

---

[1]) Acta Sanctorum, Februarius, T. II. ad. 12. Februar. cap. X.

[2]) J. Chapeaville, T. II. p. 13. de foreste aquisgrani palatii regio; Stumpf 2736.

[3]) Ernst, VI. p. 137.

mancher Meierhof in der Umgegend Aachens, die dem Kaiser bei seinen Jagden zum Aufenthalt dienten, wissen zu erzählen von dem lustigen Treiben der Jagdgesellschaften. Im Mai 813 jagte Karl der Grosse in der Eifel, erkrankte jedoch dabei an Podagra[1]). Als die Genesung eintrat, kehrte er nach Aachen zurück[2]), begab sich aber, nachdem er in Aachen einen Reichstag abgehalten hatte, noch einmal in diesem Jahre auf die Jagd, jedoch nur in die Nähe der Aachener Pfalz[3]). Karls Nachfolger, die fränkischen Könige sowohl als auch die sächsischen, haben ebenfalls bei ihrem öfteren und längeren Aufenhalte in Aachen infolge ihrer Vorliebe für das edle Waidwerk, das ja fast alle Fürsten auszeichnet, sehr oft in den weiten Revieren gejagt. Was die salischen Könige betrifft, so lässt ihr so häufiger und langer Aufenthalt in diesen Gegenden darauf schliessen — einen direkten Beweis habe ich nicht erbringen können —, dass auch sie Aachen als Ausgangspunkt des fröhlichen Jagens in den grossen Bannforsten mit ihren landschaftlichen Schönheiten und ihrem grossen Wildreichtum genommen haben.

Cöln.

Cöln ist am linken Rheinufer, im Mittelpunkte der fruchtbaren, von gewerbereichen Gebirgsbezirken umgebenen niederrheinischen Tieflandsbucht gelegen und war von jeher durch seine günstige Lage am Rhein, dem bequemsten Verkehrswege, der Mittelpunkt eines grossen Handels.

Der natürliche Wald auf der linken Rheinseite ist beschränkt auf die Ville. Ihre beiden Abhänge schliessen also den Wald ein. Auf den vier Messtischblättern Frechen, Cöln, Kerpen und Brühl lässt sich das in einfacher Weise nachsehen. Das Vorland zwischen Rhein und Ville ist von einer Menge

---

[1]) Einh. Ann.: . . . imperator cum in Arducnna venaretur, pedum dolore decubuit.

[2]) Einh. Ann.: et convalescens Aquisgrani reversus est. Abel-Simson, II. p. 514. Jahrbücher d. Fränk. Reiches unter Karl dem Grossen.

[3]) Einh. V. Caroli, 30.: Demisso deinde in Aquitaniam filio, ipse more solito, quamvis senectute confectus, non longe a regia Aquensi venatum proficiscitur. . . Vgl. auch Poeta Saxo. I. Hinsichtlich der Jagden Karls des Grossen im Aachener Revier vgl. W. Brüning: Jagdwesen im Aachener Reich. Aus Aachens Vorzeit, Mitteil. d. Ver. f. Kunde der Aachener Vorzeit. 1901.

alter Rheinläufe durchzogen. Ein solcher zieht sich z. B. in der Gegend von Cöln über Ossendorf, Bocklemünd, Mengenich, Poulheim. Am ältesten sind die Rodungen in der Gegend von Ober- und Nieder-Aussem, Büsdorf, Fliesteden, Glessen, wo kein Name mehr eine Rodung anzeigt, und wo wir bloss aus dem Relief auf den früheren Wald geschlossen haben. Jedoch findet sich bei Glessen ein schmaler Waldstreifen, und über den Wald bei dem noch mehr in die Ebene hineinliegenden Brauweiler haben wir historische Nachrichten. Jünger sind die in die Ville hinein geschorenen Rodungen Habbelrath, Grefrath, Benzelrath, Mödrath, Berrenrath beziehungsweise die noch tiefer in den Wald hineinliegenden Orte, wie Bottenbroich. Für die Bewaldung der Ville liegt die Sache klar; wie steht es aber mit der Bewaldung der Vorebene? Wohl wird man für die sumpfigen Stellen der alten Rheinläufe einigen Wald annehmen können, wie heute etwa auch bei Bergdorf, Altenhof und bei Poulheim diese vorkommen. Im übrigen sind die Wälder aber hier in frühester Zeit unbedeutend gewesen. Einzelne Namen wie Rodenkirchen, Schillingsrott bei Cöln können uns daran nicht irre machen; denn hiernach wird es sich nur um etwas Uferwald gehandelt haben, wie wir ihn heute noch südlich von Deutz finden. Überhaupt sind wir weit entfernt davon, von einem einzigen Namen, der auf -rode endigt und auf Wald deutet, gleich auf einen zusammenhängenden Wald zu schliessen. Es kann sich auch um einen einzelnen Waldrest gehandelt haben. So ist z. B. bei Mengenich ein einzelner Waldschachen; würde er gerodet und dort ein Hof gebaut, so würde man ihn mit Recht Rotthof nennen. Wer aus diesem Namen nach einigen Jahrhunderten auf eine jetzige zusammenhängende Waldmasse schliessen würde, irrte sich natürlich sehr.

Historisch wird uns berichtet, dass der Pfalzgraf Hermann, der von Otto I. in Cöln zu dieser Würde ernannt wurde, „in dem grossen Forst, Ville genannt, welcher diesen Namen von seiner Grösse und Masse des Holzes, die er enthielt, führen soll, denjenigen Teil des Waldes, der sich gegen Cöln erstreckte, fällen liess und diese Gegend wohnbar machte[1]). Otto II. bestätigte

---

[1]) Monachus Braunsw. . . . Braunswellerensem locum primum hominibus habitabilem fieri curavit.

die Schenkung der Jagd und Forste seines Vaters an das Bistum Cöln: „Confirmamus bannum et potestatem banni quae super eos ad regiam pertinuit potestatem. . . . Similiter sicut via publica de Eckendorp ad Moffendorp et sic usque Rhenum fluvium versus Cottenforst et omnes bestias in eo ad bannum super feras de Cottenforst deorsum per totam filam inter Arnapham et Rhenum usque ad ostia ubi confluunt bestias scilicet id est cervos et cervas et bannum super eas cum populi consensu domno sancto Petro Colonie secundum prioris'precepti auctoritatem nostra etiam libertate in proprium confirmavimus"[1]). Ausserdem finden wir noch mehrere Angaben über den Waldbestand in den Urkunden. Im Jahre 1028, 10. Oktober, schenkt Pilgrinus dem Kloster Brauweiler unter anderm auch die vier Wälder Wedehove, Hauputz, Asp (zwischen Niederaussem und Bürdorf) und Bran nebst dem Wildbann[2]).

Während die linksrheinischen Kreise des Regierungsbezirks Cöln im allgemeinen wenig Wald haben — Landkreis Cöln 9 % — ist derselbe im Kreise Mülheim und im Siegkreis mit 37 % beziehungsweise 34 % vertreten. Der gebirgigere und schlechtere Boden ist die Ursache. Das Wertverhältnis des Bodens von Cöln zu dem von Mülheim ist wie 50 : 27. Während der linke Flügel des Rheinischen Schiefergebirges schon auf der Linie Bonn-Aachen abbricht und zwischen Rhein und seinem Rande eine weite Ebene freilässt, ist auf der rechten Seite das Gebirge von Bonn aus bis in die Ruhrgegend hinein erhalten, und der Rhein drängt sich an seinen Rand. Auf der rechten Rheinseite ist der Boden schlecht, tonig und im Kreise Mülheim sandig. So rechtfertigt sich die grössere Bewaldung. Eine ziemlich zusammenhängende Waldlinie zieht sich noch von Siegburg abwärts an Cöln, Opladen, Düsseldorf vorbei nach Duisburg, also von der Sieg zur Ruhrmündung. Auf diesen Wald werden wir übrigens noch bei Kaiserswerth zurückkommen müssen.

Auf dem rechten Ufer des Rheines liegt der Bensberger Königsforst, der sich von Spich über die Wahnerheide, Brück

---

[1]) Lacomblet, 1, 69. u. Stumpf a. 973, No. 598.

[2]) Lacomblet, 1, 166 u. 165. Diese Urkunde gibt uns, mag sie echt oder unecht sein, auf jeden Fall Kunde von den genannten Wäldern. Vgl. die Untersuchungen von Oppermann, Westd. Zeitschrift 1901.

bis Thurn erstreckt. Im Süden ist er durch die Schiessplätze der Wahnerheide, im Norden durch Ansiedelungen gelichtet. Ihre spätere Entstehung zeigen die Namen Lustheide, Refrath, Heidkamp und Lückerath; interessant ist auch der Name Frankenforst. Auch Rott bei Heumer gehört hierhin. Brück und Thurn scheinen dagegen ältere Rodungen zu sein. Im Nordosten des nahe gelegenen Mülheim scheint der Wald noch in später Zeit sich bis an die Stadt erstreckt zu haben. Wir finden also, dass das gute Ackerland in der Nähe von Cöln schon früh gerodet war, was sich eben aus seiner guten Qualität erklärt. Dagegen erstreckten sich zur rechten und linken Seite zwei grosse Waldkomplexe, links die Ville und rechts der Königsforst mit seinen Fortsetzungen. Über die heutigen Forste ist zu bemerken, dass die staatliche Oberförsterei Ville 3400 ha hat und der rechtsrheinisch liegende Königsforst ebensoviel. Daran schliessen sich auf beiden Seiten, vornehmlich auf der rechten, noch grosse standesherrliche und private Forste. Die Ville ist mehr Eichenwald, während das rechtsrheinische Waldgebiet mehr aus Kiefern besteht, dem schlechten Boden entsprechend.

In einer Urkunde [1], in welcher der Burgbann von Siegburg bezeichnet wird, geschieht auch Erwähnung eines Otenforstes, der zwischen der unteren Sieg und dem Rhein endigte, des jetzigen Altenforstes. Fernerhin hören wir in einem Weistum [2] vom 2. Mai 1564 für den Ort Schlebusch von dem Bürgerbusch, der im Besitze der Bürger von Schlebusch ist. In einem Weistum [3] vom Jahre 1454 zu Paffrath erfahren wir von den Waldungen in der Umgebung Paffraths und deren Namen [4]. Interessantes ist auch über die Falkenjagd in diesem Weistum enthalten [5].

---

[1] Lacomblet I. 214. a. 1071. Für uns kommt die Frage, ob diese Urkunde echt oder unecht ist, gar nicht in Betracht. Auf jeden Fall zeigt die Urkunde uns das Vorhandensein eines Otenforstes. Vgl. ebenfalls Oppermanns genannte Untersuchung.

[2] Ennen, Bd. 15–16. Annalen d. hist. Ver. f. d. Niederrhein.

[3] Ennen, Bd. 15—16.

[4] 37, Item die von Paffrath sollen ihre Kohe trieffen in den Eschenbroich, in das buschen undt in den Klappelsbusch sollen sie nit treiffen.

[5] Item soll der landtherr auff dem geschworen Hoff vorss. Jahrs haben drey essen, alss ein abents essen, ein mittags essen undt aber ein abent essen und des morgens eine zoppe undt damit er . . . .

Sicherlich werden die Fürsten der Einladung zum fröhlichen Jagen und Treiben, die ihnen die ausgedehnten Waldgebiete und die grossen Jagdgefilde zu beiden Seiten des schönen Rheinstromes darboten, sehr oft und sehr gern gefolgt sein, zumal ihnen ja gleichzeitig die nahegelegene Stadt Cöln in ihrem Glanze und in ihrer Bedeutung alles das bot, was eine Grossstadt in der damaligen Zeit bieten konnte. Cöln hatte sich infolge der günstigen Lage am Rhein zu einer reichen und blühenden Stadt entwickelt. „In den Zeiten Heinrichs IV. galt es für die bedeutendste unter den Städten des deutschen Landes; ein zweites Rom wird es genannt“ [1]).

Es ist daher sehr erklärlich, dass die salischen Kaiser bei dem Zusammentreffen solcher günstigen Verhältnisse Cöln häufig als Aufenthalt wählten.

Kaiserswerth.

Kaiserswerth war der Mittelpunkt des Keldagaues, der von der Düssel im Süden, der Anger im Norden begrenzt und von dem Kedelbach, jetzt Kittelbach, durchflossen wurde. Ausgedehnte Waldungen bedeckten und umschlossen den Gau. — Die Kaiserswerther Wälder liegen meistens in der Ebene. Die Grenze des Gebirgswaldes läuft durch die Orte Unterbach, Glashütte, Grafenberg, um den Aperwald herum nach Ratingen, um den Oberbusch, den sogen. Eckamp (Eichenfeld), und wird nach Norden undeutlicher. Fast alle Waldungen, namentlich im Westen, führen den Namen Mark: Überanger Mark, Tiefenbroicher Mark, Hetorfer Mark, Guns Mark, Huckinger Mark und Saarner Mark. Im Norden schliesst sich an die Marken der Duisburger Wald; nach Süden bildet die Fortsetzung der Königsforst bei Bensberg, so dass wir also hier heute noch ein geschlossenes Waldgebiet haben, wie wir schon bei Cöln erwähnten. „Der Duisburger Wald, ehemals mit seiner Nachbarschaft Jagdrevier deutscher Kaiser, war von jeher mit jagdbarem Wilde reich gesegnet. Heute ist Rot- und Schwarzwild auch hier ausgestorben. Der letzte Hirsch,

---

und dass soll der landtherr kommen und mit sich bringen einen Capellan, zwey Rittherren undt mit ein Jäger, mit zwey paar winden undt ein Valkenerer mit seinen Honden und fügelen, undt dem zu duin, alss einen Herren geburt und diesem vorss undt nit mehr.

[1]) Waitz, Deutsche Verfassungsgeschichte, Bd. VI. p. 310.

ein Vierzehnender, wurde 1840, die letzte Sau 1884 erlegt. Wildschwäne, Trappen, Gänse und der grosse Brachvogel gehörten in jener Gegend noch bis vor zehn Jahren nicht zu den Seltenheiten. Der Rehstand ist, wo er gehegt wird, noch heute ein guter"[1]). Rodenamen, wenn es darauf noch ankommen sollte bei dem noch jetzt in grosser Ausdehnung vorhandenen Walde, findet man in genügender Zahl. Wir nennen bloss Bockum (Buchheim), Holtumerhof, Buchholz, Lintorf, Heiderhof, Heidkamp, Lohhausen, Hain, Rath, am Röttgen, Ratingen, Haus Roland (Rodeland), Radevormwald.

Im Jahre 1065 schenkte König Heinrich IV. dem Erzbischof Adalbert von Bremen und Hamburg den Bannforst zwischen Ruhr, Rhein und Düssel[2]), und zwar war der Forst so von den Flüssen eingeschlossen, dass seine Grenze die Ruhr aufwärts zur Brücke von Werden, dann die cölnische Strasse entlang zur Düssel, von da die Düssel hinab zum Rhein und endlich diesen Fluss hinab bis zur Mündung der Ruhr ging. „Ursprünglich mochte das ein ununterbrochenes Waldgebiet gewesen sein; damals aber befanden sich schon seit vielen Jahrhunderten am Rande, an den Ufern der Flüsse und Bäche und auf den einzelnen Rodungen im Innern Ortschaften oder noch häufiger nach niederrheinischer Art zerstreut liegende Höfe und Ansiedlungen, die von freien Besitzern bewohnt waren"[3]). Diese grossen, zusammenhängenden Waldstrecken waren zur Hegung der Jagd und Trift gegen jeden Unbefugten in Bann gelegt. So war der Bannforst im südlichen Teile des grossen Waldes, in dem Aper Walde, an den Fronhof Rath, der auf einer Rodung desselben lag, der Bannforst im nördlichen Teile an den Königshof Duisburg überwiesen[4]). In diesem Walde zwischen Düssel, Rhein und

---

[1]) Devens-Rocholl, p. 44.

[2]) Lacomblet, I. 205. a 1065. . . Addimus insuper cum banno nostro praedictae ecclesiae forestum unum in triangulo trium fluminum scilicet Rein, Tussale, et Rurae positum, ita quoque determinatum, per Ruram se sursum extendens usque ad pontem Werdinensem et exinde per stratam Coloniensem usque ad rivum Tussale, et per descensum eiusdem rivi ad Rhenum, et per alveum Rheni, usque quo Rura influit Rhenum.

[3]) H. Averdunk, Geschichte der Stadt Duisburg, I. p. 44.

[4]) Averdunk, p. I. p. 46.

Ruhr, in dem „Triangulum“, tummelten sich Wildrosse seit undenklicher Zeit.

Nymwegen.

Die nachfolgenden Angaben entnehmen wir der Reymannschen Karte 1 : 200000, da uns eine andere leider nicht zur Verfügung stand.

Nymwegen liegt am linken Ufer der Waal auf fruchtbarem Ackerland. Den Fluss entlang ziehen sich ausgedehnte Wiesen. Die grosse klevische Sandplatte, welche östlich von dem Rhein und westlich von der Niers begrenzt wird und sich im Süden bis Xanten erstreckt, hat ihre Ausläufer im Norden bei Nymwegen. Gerade in dieser Gegend finden wir auch heute noch Wald, während in der Tiefe Ackerland und Wiesen sind. Zwischen Waal und Rhein treffen wir keine Wälder mehr. Das Ganze ist ein ungeheures Wiesengebiet, von wenigen Ackerfeldern kaum unterbrochen. Nördlich der beiden Flüsse aber liegt die Veluwe, eine grosse Sandplatte, die stellenweise noch Flugsand zeigt, sonst Heidefläche beziehungsweise spärliche Kiefernwälder. Vivien de Saint-Martin sagt über diese Gegend: „Soweit der Blick reicht, sieht man nichts als Sandhügel. Nur einzelne Dörfer finden sich verloren in der Einsamkeit der unendlichen Heide. Hier und da jedoch findet man helle Stellen; sie rühren vom Flugsande her, den der Sturmwind über das Land jagt. Krüppelhaftes Gesträuch war das einzige, was die Natur an Wald hervorbrachte. Aber hier, wo die ersten Ansiedler in Erdlöchern wohnten, die mit Reisig und Lehmdecken überdacht waren, hat holländische Zähigkeit und Ausdauer nicht bloss Kiefernwälder hier und da geschaffen, sondern auch einzelne blühende Dörfer.“ Die Reymannsche Karte verzeichnet hauptsächlich Ansiedlungen am Rande der Platte und ebenso Wald. Von der Veluwe, die 10 Kilometer von Nymwegen entfernt liegt, konnte als Jagdgebiet nur wenig die Rede sein, um so mehr von dem Reichswald, der sich bis Nymwegen erstreckte. Gerade in den jetzigen Lücken des Reichswaldes finden wir Namen, die auf Rodung deuten: Dorps Roth, Druls Roth, Plaeks Roth, St. Antonis Roth, Grafweegs Roth. Auf Wald im Südwesten deuten die Namen Neerbosch und Lindenhout. Der Name Hulzen bezeichnet die Stechpalme. Von Nymwegen über Kleve bis in die Gegend von Xanten hinein finden wir eine diluviale Sandplatte, die ihrer Natur nach hauptsächlich für Wald geeignet war. Südlich von Kleve ist das Gebiet jetzt vom Reichswald bedeckt, der sich im Westen noch bis an die Tore von Kleve erstreckt. Östlich liegt direkt neben dem grossen Reichswald der königliche Forst Tannenbusch. Der Nordrand der Platte, der in der Gegend von Kleve über Bedburg an Moyland, Calcar und an Üdem vorbei einen deutlichen Abfall hat, ist in verhältnismässig später Zeit, erst in brandenburgischer Zeit, kolonisiert worden. Abgesehen von den genaueren Kenntnissen, die wir darüber haben, wäre es auch erkennbar aus der schematischen, rostförmigen Anlage der Wege und Gruppierung der Einzelhöfe. Älter dagegen sind die Ortschaften Keppeln und Üdem. Bis zu der genannten Gegend war also Wald vorhanden. Es wird dieses auch unterstützt durch die Ortsnamen. Wir finden z. B. Hau, dann solche Namen wie Luisendorf, Pfalzdorf; alle tragen den Stempel neuerer Entstehung. Ausserdem finden wir Asperberg (Espe), Hervorst, Asperden, Hulthuisenbosch, Asperheide, Buchholt. Die Gegend südlich von Kessel am Südrande des Reichsforstes ist mit Waldschachen überstreut, teils trägt sie den früher erwähnten schematischen Typus, so dass wir annehmen können, dass zur Zeit der fränkischen Kaiser Kessel mitten im Walde lag. Zu erwähnen sind noch die zahlreichen Sumpfniederungen an der Niers, zur Reiherbeize und Entenjagd vorzüglich geeignet. „Der Reichswald birgt noch heute eine Menge Edel- und Rehwild. An seinen Ufern nisten heute noch zahlreiche Reiher"[1]). Der Wildreichtum der Umgebung Nymwegens lockte die deutschen Kaiser und Könige in diese Gegend, wo sie in den weiten Jagdrevieren den Spuren des Wildes folgten. „Ludwig der Fromme richtete sich die Burg zu einem Jagdschlösschen ein, und von den vielen Falken, die er, wie auch manche Fürsten nach ihm, dort für die Jagd unterhalten liessen, bekam die Burg den Namen Falkenhof[2]). Dem Falkenhof in Nymwegen entspricht der Name Cranenburg (Kranichburg), welche acht

---

[1]) „Der Kreis Kleve", p. 22.

[2]) Bergervoost, Dr. M. B. „Die Ruinen von Nymwegen", Niederrheinischer Geschichts- und Altertumsfreund, Jahrg. 1903. 1. Vgl. auch: Hermann, Der Palast Karls des Grossen zu Nymwegen.

Kilometer von Nymwegen entfernt liegt. An dieser Stelle sei auch erwähnt, dass in dem Walde bei Nymwegen Heinrich VI. geboren ist.

Wenn Karl der Grosse oder seine Nachfolger in der Umgebung des „Valkhof" auf die Jagd gehen wollten, brauchten sie sich nicht stundenweit davon zu entfernen, um einen Hirsch oder Eber zu erlegen; denn der Reichswald erstreckte sich bis zu den Mauern von Nymwegen [1]). Wie weit der alte Reichswald sich ausbreitete, ist unmöglich zu bestimmen; aber sicher mag der Umfang dieser Wildnisse, ehe die Bevölkerung so sehr zugenommen hatte, und ehe man die Felder fruchtbar gemacht, grösser gewesen sein als in späteren Tagen. Van Berchem schreibt deshalb, dass dieser Wald sich an Nymwegen anschloss und dass gemäss alten, auf dem Schloss van Hoemen aufbewahrten Schriften die Bürger von Nymwegen das Recht hatten, alles dürre Holz zu sammeln und das grüne Holz, das sie mit der einen Hand biegen konnten, mit der anderen abzuhacken; ausserdem durften sie alte Zweige, die sie auf ihrer Karre stehend erreichen konnten, abhauen, wenn sie aber auf das Rad kletterten, so mussten sie fünf Mark bezahlen. Die Kaiser liessen den Reichswald durch Waldgrafen, syndici forestales genannt, verwalten. Die Herren van Groesbeeck besassen wohl früher diese Würde; der Hof Groesbeeck wurde 1040 durch Kaiser Heinrich III. dem Waldgrafen geschenkt [2]). Da man in dem grossen Reichswald zu viel Land bewohnbar machte, so wurde am 25. Juni 1257 ein Verbot dahin erlassen, dass weder die Grafen von Kleve noch die von Geldern in dem Reichswald Holz roden und Land anbauen durften [3]).

Am Südrande des Reichswaldes, 25 km östlich von Nymwegen und 6 km von Kleve entfernt, lag nahe bei dem jetzigen Dorfe Kessel ein kaiserliches Jagdschloss, in dem

---

Jahrb. Ver. Alterth. im Rheinland, B. 77. Plath, Het Valkhof te Nymegen, Amsterdam 1898. K. Plath, Die Königspfalzen der Merovinger und Karolinger, Berlin 1892.

[1]) Berg en Dal, Door B. ter Haar, Arnheim. Übersetzung.

[2]) van Spaen, Inleiding tot de historie van Gelderland IV. § 90. S. 55. (Übersetzung). Stumpf 2181.

[3]) van Spaen, IV. p. 58.

Kaiser Otto III. geboren sein soll[1]). Hier konnten sich die Kaiser, wenn sie im südlichen Teil des Reichswaldes jagten, von den Mühen und Strapazen erholen, ohne selbigen Tages nach Nymwegen zurückkehren zu müssen.

Utrecht.

Utrecht liegt in einer sehr anmutigen, fruchtbaren Gegend, welche von den Armen des Rheines und von zahlreichen Kanälen durchzogen wird und fast überall den Charakter einer gartenähnlich angebauten Landschaft trägt. In unmittelbarer Nähe der Stadt finden wir den neu angelegten Wald, Baarusche oder Soestdyksche Bosch genannt.

Bei Utrecht war nie viel Wald. In den Niederungen auf Alluvialland sind Wiesen, während die vorherrschende Vegetationsform der zwischen Rhein und Yssel sich erstreckenden Sandplatte die Heide ist. Den Rand der Platte bildet ein langer, 5—10 km breiter Waldstreifen.

Man hätte das Terrain allenfalls zur Falkenbeize gebrauchen können. An Wasservögeln, Reihern u. s. w. wird es an den Sumpfstellen und Niederungen wohl nicht gemangelt haben. 8 km östlich von Utrecht finden wir den „Valkenpad“ nahe bei Zeist. „Die Grafen von Zütphen besassen auch Rechtsgebiet auf der linken Seite der Yssel, wenigstens den Wildbann und das Gericht in Menardinghamme. Kaiser Heinrich V. bestätigte im Jahre 1107 Otto Graf von Zütphen das Rechtsgebiet über Menardinghamme und den Forst oder Wildbann zu beiden Seiten der Yssel, die seine Vorfahren als Eigentum und nicht als königliches Geschenk besessen haben“[2]).

Trier.

In Trier, der Bischofsstadt, finden wir auch eine königliche Pfalz[3]). Von der Eifel überhaupt ist zu bemerken, dass

[1]) V. Huyskens, Die Geburtsstätte Kaiser Ottos III. Ann. des hist. Vereins für den Niederrhein. XXXIII. 1879. Richard Knipping, Zwei unbekannte Königsurkunden für das Kloster Bedbur. Beiträge zur Gesch. des Niederrheins. 17. 1902. Knipping hat den Beweis Huyskens durch 2 neuerdings aufgefundene Urkunden König Konrads III. und König Wilhelms für das Kloster Bedbur bei Kleve erhärtet.

[2]) v. Spaen, IV. p. 152. Stumpf 3022.

[3]) Ann. Quedlinb. 1008. SS. 3. 79.

das Plateau von Natur mit Wald bedeckt war. Die ersten Kulturen wird man in den Talsohlen angelegt haben. Die Trierer Gegend ist heute noch von grossen Wäldern durchsetzt; Waldnamen könnte man in Menge aufzählen. Am auffälligsten sind der Meulen Wald, der königliche Ehranger Forst, der Kondel Wald und der Eurener Wald. Der Umkreis von Trier ist dunkel von Wäldern, die ungefähr die Hälfte des ganzen Areals einnehmen.

Auffallend ist dagegen, dass die vielen Rodungen auf den Plateaus den Namen „Roth" nicht tragen. Wir finden bloss Hetzerath, Neurath und Rodt. In der Eifel war die Endung -rode eben nicht gebräuchlich, dagegen ist im Kreise Trier ein Überfluss von Orten auf -scheid (Wasserscheide). Wir finden Morscheid, Kernscheid usw. Das hält uns aber durchaus nicht ab, Orte wie Tarforst, Filsch, Irsch, Orburg und Thomm für frühere Rodungen zu halten. Dieselben liegen auf dem Plateau, und man wird eben die Höhe kolonisiert haben, wenn das Tal zu enge oder zu sumpfig war.

Einer der alten Bannforste hiess Winterhauch. Derselbe war sehr ausgedehnt und bildete den östlichen Teil der Heide der Fortsetzung des Forstes Lutra. Zu diesem Forste gehörte, wie aus einem Güterverzeichnisse der Grafen von Kyburg und Dhaun vom Jahre 1196 zu ersehen ist[1]), auch der gegenwärtige „Hochwald" auf dem Hunsrück, der zum Teil im Regbz. Trier liegt.

Mittelrhein.

Die Gegend von Mainz, Frankfurt, Worms und Speyer, sowie von Strassburg bezeichnen wir als das Gebiet des Mittelrheins.

Am Fusse der Bergabhänge gedeiht die Rebe wie kaum anderswo; der glühenden Mittagssonne gleichsam dargeboten, von schädlichen Winden durch eine hohe Gebirgswand geschützt, von der Wärme, die von dem schiefrigen Boden und dem Spiegel des Rheines zurückstrahlt, umglüht, bringt sie hier die süsseste und köstlichste Frucht. Die Felsen gekrönt mit Burgen, von Weinguirlanden umschlungen, und zwischen den fruchtbaren

---

1) W. Gottfr. Moser, Forstarchiv p. 219. An. 17. 1790. Abgedruckt ist das Güterverzeichnis bei Kremer, Orig. Nass. Cord. prob. p. 218.

Auen das silberne Band des Stromes, welch' Bild ist schöner als dieses! Die Sonne aber, die den Wein in der Traube kocht, gab sie nicht auch zugleich dem Volke den leichtbeweglichen und sangesfrohen Sinn, die feine Empfindung für alles Schöne und die Gabe, leichten Herzens zu nehmen und zu geniessen? Man vergesse auch nicht, dass hier die Kultur ein Jahrtausend älter ist, als die im Osten Deutschlands. Wie sollte all diesem gegenüber der Kaiser unempfindlich gewesen sein!

Neben diesen Imponderabilien sind es auch Gründe materieller Art. Der Mittelrhein als Sitz blühender Städte und der damit verbundenen feineren Gesittung mag auch anziehend auf den Kaiser eingewirkt haben. Die Inseln am Ufer des Rheins haben das gedeihlichste Holzwachstum, und die in den beiderseitigen Gebirgen befindlichen Hügel sind meistens mit Waldungen bewachsen. Allenthalben, wo die Waldungen eine beträchtliche Strecke einnehmen, ist die grosse Wildfuhr vortrefflich, und an kleinem Waidwerk, Geflügel ebensowenig als an Fisch, ist nirgendwo Mangel. Wollte der Kaiser seiner Jagdliebhaberei nachgehen, so konnte er hier jagen, soviel er wollte.

Ingelheim[1]).

Wenn man der Landstrasse von Mainz nach Bingen folgt und etwa in der Hälfte des Weges den höchsten Punkt der Anhöhe erstiegen hat, öffnet sich den erfreuten Blicken eine der schönsten Aussichten des Mittelrheins, und den Vordergrund zu diesem Naturgemälde bildet der Marktflecken Niederingelheim, welcher zu beiden Seiten der Strasse, nicht weit von dem zum Rheine eilenden Selzbach, über den Abhang sich ausbreitet[2]). Reste von zerrissenem, altem Mauerwerk und sonstige Überbleibsel geben Kunde von dem einst hier gestandenen Kaiserpalaste. Karl der Grosse hat den Palast er-

---

[1]) Merian, Topographia Palatinatus Rheni. 1645. p. 49. Widder, Beschreibung der kurfürstlichen Pfalz, Bd. III. p. 303 ff. Joh. Phil. Benkhard, Die Reichspaläste zu Tribur, Ingelheim, Gelnhausen und das Schloss Trifels, Frankf. 1857. von Cohausen, Der Palast Kaiser Karls des Grossen. I. Mainz 1852 (Abbildungen von Mainzer Altertümern. Heft 5). Clemen, Der Karol. Kaiserpalast zu Ingelheim, Westd. Zeitschr. 1890. 9. H. Lörsch, Der Ingelheimer Oberhof 1885.

[2]) Benkhard.

richtet; im Jahre 774 wird dieser zuerst genannt [1]). Karl sowohl wie seine Nachfolger und auch die sächsischen Kaiser hielten sich in demselben häufig auf. „Das fränkische Kaisergeschlecht sah hier Tage der Ehre, Freude und Trauer.“ Heinrich III. und Heinrich IV. feierten hier ihre Vermählung, letzterer wurde hierselbst von seinem eigenen Sohne vom Throne gestossen.

Das linksrheinische Grossherzogtum Hessen ist durch seinen grossen Weinbau bekannt, zu dessen Ruf Ingelheim mit seinen vorzüglichen Rotweinen nicht das wenigste beigetragen hat. In einer Urkunde vom 13. Sept. 936, von Otto I. in Quedlinburg ausgestellt, wird Ingelheim verpflichtet, dem Stift Quedlinburg jährlich von den Weinbergen 10 Fuder Wein und 40 grosse Töpfe Honig zu liefern [2]). Es wäre kühn, hier ausgedehnte Wälder vermuten zu wollen, und diese Annahme liegt uns auch durchaus fern; sogar die historisch bezeugte Ingelheimerheide kann uns daran nicht irre machen. Sie war eben, wie die Namen Heidesheim und Heidefuhrt zeigen, nichts anderes als ein kleiner Auenwald, wie sie an dem Ufer des Rheines auf schlechtem Boden häufig sind. Die flachen Rheininseln, die unter dem Hochwasser litten, waren nur zu Wald zu gebrauchen. Diese Gegend ist eine der waldärmsten Deutschlands. Freilich wird die Fischerei manches Vergnügen hierselbst gewährt haben.

Ingelheim spielt Mainz gegenüber die Rolle eines Landgutes zur Stadt. Von dem Lärm der Stadt ermüdet, konnte der Kaiser sich in Ingelheim an der Schönheit des Landlebens freuen. So finden wir auch heute noch bei allen Residenzen Lustschlösser. Denken wir an Berlin-Sanssouci, München-Nymphenburg.

Dreieich.

Für die folgenden Pfalzen Mainz, Frankfurt, Seligenstadt und Tribur ist von Wichtigkeit ein grosser Jagdbezirk, die Dreieich. Im Süden bildet die Modau die Grenze, sonst wird das Gebiet im Westen vom Rhein, im Norden vom Main und im Osten etwa vom Gebirge begrenzt. Eine Reihe von anderen Forsten schlossen sich in kleiner oder weiterer Entfernung

---

[1]) Einhard. V. Caroli, 17. Böhmer-Mühlbacher, Regest. d. Kaiserreichs unter d. Karol. No. 165a und Abel-Simson, Jahrbücher d. fränk. Reichs unter Karl d. Gr. Bd. II. p. 562. An. 1.

[2]) Stumpf 56 ad an. 936, 13. Sept. M. G. Dipl. I. 89: in Ingelheim videlicet de vineis ad carradas X, ex melle vere situlos maiores XL nostrae maiestati singulis annis persolvendos. . . .

an die Dreieich an; der Königsforst von Frankfurt lag sogar innerhalb der Dreieich. Der grosse Spessart war eine Fortsetzung des Bannwaldes. Gegen die Wetterau erstreckte sich der Reichsforst bei Burg Friedberg. Kurzum, an den Forst der Ebene, die Dreieich, grenzen die Forste des Gebirges. Ein Weistum vom Dreieicherhainer Wildbann aus dem Jahre 1338 gibt uns die genaueren Grenzen des Forstes. Im Norden bildet die Grenze von der Mündung des Main in den Rhein der Main selbst bis zur Einmündung der Nidda bei Höchst. Alsdann geht an diesem Zuflusse die Grenze nordöstlich bis Vilbel, von hier aus über die Dörfer Bergen und Hochstadt bis in den Brubach zwischen Hanau und Frankfurt, läuft alsdann dem Maine nach bis Stockstadt, worauf über das Dorf Grossostheim die Linie nach Rheinheim nach der Modau läuft, welcher sie bis zum Rheine folgt. Dieser Jagdbezirk erstreckte sich in drei verschiedene Gaue, westlich in den Oberrheingau, östlich den Maingau und nördlich den Niddagau.

„Wenn auch die Grenzen zum Teil hoch auf Bergesrücken dahinziehen, so ist doch der hauptsächlichste Bestand ein niederes Land, jetzt Wiesen-, Wald- und Getreideboden, vor Zeiten aber vorherrschend ein sumpfiger Wald, von den Überresten früherer Main-, Nidda- und Rheinarme durchzogen. Erst in späteren Jahrhunderten haben Dämme das Land gegen den Fluss geschützt, den Wald gelichtet, mehr und mehr Feld dem Getreidebau gewonnen[1]). Der Umstand, dass die Dreieich ein Sumpfland ist, gibt uns auch die Erklärung dafür, dass dieses ganze Gebiet früher Reichsgut war. Der Name Dreieich wird in dreifacher Beziehung gebraucht: als Forst, als Wildbann und als Stadt. In dem Orte Hain zur Dreieich befand sich ein Stall (Kennel), welcher zur Aufnahme der Jagdhunde diente. Daher wird dieser Ort noch jetzt im Munde des Volkes „kaiserlicher Hundestall“ genannt. In dem Besitz der Reichsvogtei über den königlichen Bannforst erscheint im Beginn des 12. Jahrhunderts ein Geschlecht von Hagen. Die Burg[2]) desselben ist in ansehnlichen Resten noch heute erhalten. Wie die ganze Dreieich auf Sand und Dünen,

---

[1]) Scharff, Das Recht in der Dreieich. p. 4.

[2]) Kunstdenkmäler im Grossherzogt. Hessen, Kreis Offenbach, p. 16.

den Erzeugnissen des Oberrheinsees, liegt, so steht auch dieses Schloss auf sumpfigem Moorgrunde, in welchen zur Fundamentierung Baumstämme hineingerammt sind. Auf das hohe Alter der Burg lässt das altertümliche Mauerwerk, der sogenannte Fischgrätenverband, schliessen.

Über den Bestand des Waldes ist kaum etwas gesagt in den älteren Urkunden; Eichen haben in dem Tieflande und in dem Sandboden vorgeherrscht, so in dem Forst, Buchen auf dem Kalkboden, wie es in dem Buchwald der Fall war. Nadelholz mag besonders in der sandigen Ebene der Dreieich schon früh zu finden gewesen sein; aus dem Jahre 1426 wird beim Einsäen der Heide vor Sachsenhausen am Walde „Dannensamen" erwähnt, „Fichten und Förhen"[1]). Das älteste Siegel der Stadt, allerdings erst von ungefähr 1700 stammend, zeigt eine Eiche mit drei Eicheln.

Karl der Grosse wird dieses Gebiet zum Bannforst gemacht haben. Urkundlich ist nachzuweisen, dass die nachfolgenden Kaiser in der Dreieich häufig ihre gewöhnlichen Herbstjagden und andere Jagden abgehalten haben. Schon der öftere Aufenthalt in dem an der Grenze liegenden Mainz, als auch in den innerhalb des Forstes liegenden drei königlichen Pfalzen Frankfurt, Seligenstadt und Tribur lässt darauf schliessen, dass sie hierselbst fleissig der Jagd oblagen.

Mainz.

Mainz, der Mainmündung gegenüber am Rheinufer gelegen, Mittelpunkt einer der schönsten und fruchtbarsten Gegenden Deutschlands, war schon früh der Sitz einer hohen Kultur. Im 7. Jahrhundert schon wurde Mainz „vornehm und reich" genannt. Für unsere Zeit kennzeichnet es Waitz: „Die einflussreiche Stellung, welche der Erzbischof einnahm, warf ihren Glanz auch auf die Stadt, in der er seinen Sitz hatte; als die Hauptstadt der Franken, die Metropolis des Reiches, das goldene Haupt, das Diadem des Reiches, die berühmteste Stadt von ganz Germanien wird sie bezeichnet"[2]). Mainz führt

---

[1]) Scharff p. 284.

[2]) Schon bei Cont. Reg. 953. SS. 1. 622: regia civitas. Conc Mag. SS. 5. 185: metropolium orientalis Franciae, principalem vero pontificii sedem tocium Germaniae et Galliae Cisalpinae. Marian 1037. SS. 537: sedis Mogont. archiepiscopatus; immo omnium Fran-

den Beinamen das goldene Mainz. Strassburg nennt man das silberne, und Cöln, durch seine Schwertzunft bekannt, heisst das eiserne; bekannter ist der Ausdruck das heilige Cöln. In den Siegeln des 13. Jahrhunderts wird schon der Ausdruck gebraucht aurea Maguntium. Mainz hatte im Mittelalter durch Handel und Gewerbe eine materielle Blüte erlangt, die es später nie mehr erreichte. Wie sehr man für die Naturschönheit der Umgegend von Mainz geschwärmt hat, zeigt in drastischer Weise folgendes: Nicolaus Vogt, ein Geschichtschreiber des Rheinlandes, pflegte seine Zuhörer nach Mainz zu schicken, damit sie sich von den Schönheiten des Paradieses einen Begriff machen könnten. Rhein und Main, das waren die beiden Ströme von Milch und Honig, der Taunus war der Zaun um das Paradies[1]). Fruchtbares und in frühester Zeit schon besiedeltes Weinland dehnt sich um Mainz aus. Ausgedehnte Wälder bedecken das Gebiet zwischen Rhein, Main und dem Forste des Odenwaldes. Der Taunus kommt weniger in Frage, weil auf seinem lössbedeckten Forste schon frühzeitig Äcker angelegt wurden. Die Gegend ist also zu gut für den Wald. Auf der linken Mainseite dagegen stocken die Wälder auf Sandboden, vielfach älterem Dünensand. Hier reichten bis an Mainz heran die Forste der Dreieich.

Frankfurt.

Schon früh war Frankfurt eine Pfalz. Die ersten Nachrichten von ihr haben wir aus dem Jahre 793[2]). Karl der Grosse baute sich an der „Frankenfuhrt" das Jagdschloss. „Milder war hier die Gegend, wie in dem unzugänglichen Spessart, der Jagdgenuss nicht minder befriedigend; denn der Dreieicherhain begrenzt das Ufer des Flusses, die grössere Nähe des Rheines und der blühenden Moguntia erleichterte jede Zufuhr, und die Furth veranlasste den Sammelpunkt der Truppen. So ward Karl als Feldherr und Jäger zu dem Orte hingeleitet, an dem nun ein Jagdschloss auf der Stelle der

---

corum. De unit. eccl. II. 9. Lib. delic. 2. 221.: caput Galliae atque Germaniae. Ekkehard, 1121. SS. 6. 257: totius Germaniae metropolis s. Waitz 310. Bd. 6.

[1]) Simrock, Das malerische und romantische Rheinland I. p. 145.

[2]) Ann. Juvavenses maiores. MG. SS. I. 87.

jetzigen Leonhardskirche erbaut wurde“[1]. Ludwig der Fromme erweiterte den Palast, wie sein Biograph in den Annalen[2]) sagt: „Quibus dispositis, iuxta morem Francorum regum, autumnale tempus venationibus insumpsit hiemandique gratia trans Rhenum, locum, cuius vocabulum est Franconoford, petiit . . . . Quos auditos, cum congrue remisisset, in eodem loco praeparatis, ut dignum erat et tempori congruebat, novo opere aedificiis hiemavit.“ Unter den späteren Karolingern hob sich das Ansehen Frankfurts noch mehr[3]. Frankfurt behauptete seine Bedeutung auch unter den Königen aus sächsischem Stamm[4]. Unter den salischen Kaisern wird es auch oft besucht, wenn freilich mehr die Umgebung (Tribur und Seligenstadt). Das rasche Aufblühen verdankte die Stadt ihrer günstigen Lage als Knotenpunkt zahlreicher Verkehrswege.

Bei Frankfurt machen sich hinsichtlich der Ausdehnung der Wälder dieselben Umstände bemerkbar, wie bei Mainz. Auf der einen Seite finden wir den Löss, der schon früh bebaut, auf der anderen Seite den Sand, der noch mit weiten Wäldern bedeckt ist. Es treten hier die Wälder auf: Kelsterbacherwald, Langenerwald, Offenbacherwald, Seligenstadter Stadtwald, Schwanheimerwald, Frankfurter Wald. Der Anhalt, den die Reymannsche Karte für Rodungen gibt, ist nicht bedeutend: Ober- und Nieder-Rad, dann Rodau, Rothehamm, Hamstadt und Walldorf (Walddorf wohl).

Tribur.

Ungefähr acht Stunden von Frankfurt und drei Stunden von Mainz lag beinahe an der Westgrenze des Dreieicherwaldes der kaiserliche Palast Tribur, von dessen ehemaligen Herrlichkeiten nur noch wenige Merkmale vorhanden sind. Der Ort Tribur oder Trebur liegt in einer nicht unfruchtbaren, aber einförmigen Ebene, „welche nur durch die Aussicht auf

---

[1] Fichard, Die Entstehung der Reichsstadt Frankfurt. Vgl. Kriegk, Geschichte v. Frankfurt.

[2] M. G. SS. II. 626. Vita Ludovici Imp. a. 822.

[3] Regino nennt es 876 SS. 1. 588: „principalem sedem orientalis regni.“ Es hat regelmässig in den Urkunden den Zusatz „Palatium regium“.

[4] Otto I. hat hier häufig das Weihnachtsfest gefeiert, ebenso hat Heinrich II. öfters in Frankfurt geweilt.

den Taunus und die Bergstrasse, sowie durch die vom linken Rheinufer herüberschauenden Anhöhen belebt und verschönert wird“ [1]). Wo früher Wald Tribur ganz umschlossen hielt, da gibt jetzt das wohlbebaute Land Zeugnis von dem emsigen Fleiss des Holzfällers und Ackerbauers. Gleichwohl werden, wie schon in den einleitenden Bemerkungen zu dieser Gegend gesagt, noch grosse Flächen in der Umgebung Triburs von den Wäldern der Dreieich bedeckt.

Tribur wird schon zur Zeit der merowingischen Könige als Königshof bezeichnet, jedoch unter den Karolingern erst finden wir es mehr erwähnt. Eine Legende aus der Zeit Konrads I. nennt Tribur „sedem regiam, palatium regium“ [2]).

Gar oft haben sich die karolingischen und die nachfolgenden deutschen Kaiser mit ihrem Hoflager hier aufgehalten. „Aber erst unter dem salischen Kaiserhause wird die Triburschе Reichspfalz wieder zum Schauplatz grosser Ereignisse“ [3]). Die Pfalz war zu Ansehen und Bedeutung gekommen. Was nun auch immerhin im einzelnen die Kaiser hierhin zog, gewiss ist, dass „der grosse Königsforst, welcher zwischen Stockstadt am Main und Stockstadt am Rhein jetzt noch grösstenteils vorhanden ist, zu den Freuden der Jagd ermunterte“ [4]), und dass bei den vielen Besuchen diese Rücksicht sehr ins Gewicht fiel.

Seligenstadt.

Fast an der Ostgrenze des Dreieicher Waldes am Main liegt Seligenstadt. Hierselbst befand sich auch ein Palatium; Reste desselben sind noch vorhanden [5]). Dieselben sind im romanischen Stile gebaut und aus rotem Sandstein konstruiert. Diese Pfalz ist als ein eigentliches Jagdschloss zu bezeichnen. Sie liegt, wenn auch an der Ostgrenze des Dreieicher Forstes, dennoch in demselben, so dass weite Jagdreviere desselben die Pfalz noch umgaben. Östlich von Seligenstadt dehnte sich auf der rechten Mainseite der grosse Königsforst Spessahardt aus. Dieser nahm das ganze Gebiet zwischen Main,

---

1) Joh. Phil. Benkhard.

2) Triumphus S. Rein. I. 6. M. G. SS. XI. 441.

3) Benkhard.

4) Benkhard.

5) Kunstdenkmäler für d. Grossherzt. Hessen.

Kinzig und Sinn ein. „Der Wald war im Mittelalter, wie man mit Bestimmtheit nachweisen kann, nur mit Laubholz, überwiegend mit fruchtbaren Bäumen, meist herrlichen Eichen, bestanden, daher besonders wildreich und hochgeschätzt wegen seiner reichen Mast, welche zahlreiche Herden feistete“ [1]). Es boten sich mithin in der Pfalz Seligenstadt die günstigsten Verhältnisse zur Jagd.

Worms.

Worms, am linken Rheinufer, hatte schon zur Zeit der Karolinger eine Pfalz. Im Jahre 791 brannte dieser Palast ab [2]). Später ist in den Urkunden von der Pfalz in Worms nicht mehr die Rede [3]). Worms war der Mittelpunkt eines Gaues, des Wormsfeldes, dessen Grafschaft im Anfang des 10. Jahrhunderts bei dem salisch-fränkischen Kaisergeschlecht war. Vor ihm residierte Otto, der den Herzogstitel führte, in Worms selbst. Im Jahre 1002 gelang es dem Bischof Burkhard von Worms mit Hilfe Kaiser Heinrichs III., die Burg Ottos II. in seinen Besitz zu bringen; somit kam Worms in die Hand des Bischofs. Bischof Burkhard (1000—1025) ist der Begründer des „monumentalen mittelalterlichen Worms“. „Die Stadt ist am Bistum aufgewachsen, wie der Epheu an einer Mauer“ [4]). Die volle bischöfliche Herrschaft in Worms überdauerte nicht das 11. Jahrhundert. Als Kaiser Heinrich IV. im Dezember 1073, von den Fürsten verlassen, in Worms Hilfe suchen wollte, rief das feindselige Verhalten des Bischofs die Vertreibung des letzteren durch die Bürger herbei. Heinrich IV. bewies sich dafür der Stadt durch umfassende Privilegien erkenntlich. In der deutschen Heldensage wird Worms mehr-

---

[1]) von Berg, Gesch. der deutschen Wälder, p. 299.

[2]) Einh. Annal.: Cum qui ibi hiemaret, ipsum palatium, in quo conversebatur, casu accidente, nocturno incendio concrematum est. Vergl. Annal. Fuld. 791, Annales Sithiens. 791, Quedl. Scr. I. 350. XIII, 36, III, 39. Annal. Mosellan. p. 498. Poeta Saxo lib. II. v. 497 p. 574.

[3]) Sickel I. 234. Mühlbacher p. 114. Abel-Simson, Jahrb. des fränk. Reichs u. Karl d. Gr. II. p. 14.

[4]) Andreas Ryf bei A. Heusler, Verfassungsgesch. der Stadt Basel 1860 p. V. ff. H. Boos, Geschichte der rheinischen Städtekultur mit besonderer Berücksichtigung der Stadt Worms 1897.

fach genannt. In der Wormser Gegend fand Siegfried bei der Jagd seinen Tod; hier ist der Schauplatz der Nibelungensage.

Was die Waldverhältnisse angeht, so ist Worms, auf der linken Rheinseite im Weingelände gelegen, auf den Wald der rechten Rheinseite angewiesen. Hier finden sich Wälder von Gernsheim bis zur Mannheimer Gegend. Es sind dies der Gernsheimer-Wald, Rohrheimer-Wald, Jägersburger-Wald, Bibliser-Wald, Lorscher-Wald, Bürstadter-Wald, Lampertheimer-Wald, die Wildbahn und die Virnheimer-Heide. Sie stossen im Norden mit dem Rhein zusammen an der Modau. In den jetzt verlassenen Altwässern des Rheins waren Sumpfwälder; derselbe Typus der Gegend, den wir weiterhin bei Strassburg treffen werden.

Im Jahre 1048 wird dem Bischof Arnold von Worms ein Wildbann bei Wimpfen und Tauberbischofsheim bestätigt[1]). Aus dem Nibelungenliede erfahren wir, dass das Jagdrevier von Worms auf der rechten Rheinseite liegt. Siegfried und die Gesellen wolden uber Rîn[2]); und dementsprechend: geladen viel der rosse kom vor in uber Rîn[3]). Gleichzeitig sehen wir auch aus dem Nibelungenliede, dass das Jagdrevier ein sehr ausgedehntes war. Bei Beginn der Jagd teilt sich die Gesellschaft in 24 Parteien[4]), von denen jede in einem besonderen Reviere jagte. Es musste aber bei der damaligen Art und Weise des Jagens jede Partei für sich einen grossen Raum beanspruchen, wollte man sich nicht gegenseitig ins Gehege kommen[5]).

In den Urkunden wird ein Bannforst Oten-Wald (Odenwald) an der rechten Seite des Rheins, Worms gegenüber, erwähnt. 814 schenkte Ludwig der Fromme dem Kloster Lauresham (später Lorsch) „cella Michlenstatt sitam in pago Plumgove in silva quae dicitur Odenwald“[6]). Heinrich II. schenkte in einer Urkunde vom Jahre 1012 mit der Überschrift: „de banno forastis in Otenwald“ der alten Abtei Lorsch auf ihr Bitten hin den Wald und den Bann: „exorans forestem bannumque sylvarum concedi; cui pium praebentes assensum

---

1) Stumpf 2359 u. Boos p. 319.
2) Nibl. 863. 3.
3) Nibl. 870. 1.
4) Nibl. 885. 3.
5) Vgl. Mathias, Die Jagd im Nibelungenlied.
6) Codex Laureshamensis Abbatiae diplomaticus, Tom I. 1768. p. 45.

forcstem cum banno concessiums"[1]). In einer anderen Urkunde mit der Überschrift: „Item de terminis eiusdem forasti" wird der Umfang des Bannes genau angegeben[2]). Zum Rhein hin, an der Westseite des Forstes, hatte auch Bischof Konradus von Worms Rechte. In einer Urkunde[3]) vom Jahre 1168 nennt er Virnheim, etwas nördlich von Mannheim, und in einer anderen[4]) die „Handscuhesheimer marcia", nördlich von Heidelberg, als „meum proprium in Odenwald sylva". Über die Grösse des Odenwaldes sagt von Berg[5]): „Der von uns als Odenwald begrenzte Distrikt nimmt den südlichen Teil der grossh. hess. Provinz Starkenburg ein; es liegen darin die Forstämter Lorsch, Waldmichelbach und Michelstadt mit einer totalen Waldfläche von 45,658 ha." Im Süden hing mit dem Odenwald zusammen der Königsforst Forehahi. Nach einer Urkunde von Heinrich II. aus dem Jahre 1002 steht dem Bischof Burkhard von Worms der Bann über diesen Wald zu: „concessimus regium bannum Forestu Forehahi nuncupato, a villa Elmersbach nominata iuxta Renum sita, inde usque Heriveldon" [6]). Bei der Annahme des Odenwaldes als Jagdgebiet, das von Worms aus benutzt wurde, ist auch in Betracht zu ziehen, dass schon früh die Kultur manche Lichtung in der zusammenhängenden Waldmasse geschaffen und sich so zwischen den Wald der Ebene und den Odenwald ein Kulturgebiet eingeschoben hat. Die Tatsache lässt sich auch auf der ganzen rechten Seite der Mittelrheinebene beobachten.

Speier.

Speier ist am Rhein gelegen in wenig bevölkerter Gegend. Es zieht sich dagegen ein Kranz von Ortschaften am Fusse der Haardt entlang, Randsiedlungen, die wir in der oberrheinischen Tiefebene so häufig treffen, während die Kies- und Sandgegend des eigentlichen Flussufers wenig bevölkert ist. Von Speier bis Basel finden wir keine grössere Stadt am Ufer. Zwischen dem Bergrand und dem Fluss

---

1) ibidem p. 49.
2) ibidem p. 154.
3) ibidem p. 226.
4) ibidem p. 378.
5) v. Berg, Gesch. der deutschen Wälder, 1871, p. 292.
6) Stumpf 1307.

erstreckt sich der Massera Wald. Gegen Süden folgen auch grosse Wälder bei Germersheim und Rheinzabern, ebenfalls auf dem rechten Ufer: die Schwetzingerhardt und die Lusshardt. Viele Lücken sind vorhanden, ohne dass ein Name auf Rodung deutet; die Endung „rode" scheint doch immerhin lokal begrenzt zu sein. Aus einer 1086 von Heinrich II. zu Speier ausgestellten Urkunde: „unum in Liutrames foreste situm in pago, qui dicitur Spirichowe" . . . ist zu ersehen, dass auch auf dem linken Rheinufer ein Bannforst war[1]). Am 6. Mai 1056 schenkte Heinrich III. den Hof Bruchsal im Kraichgau nebst dem Walde Lusshardt, beides früheres Eigentum eines kaiserlichen Verwandten, namens Konrad, dem Bischof Konrad von Speier[2]). Die Lusshardt wird ausdrücklich erwähnt als „foreste Luschart" in einer Urkunde[3]) Heinrichs III. vom Jahre 1063. Als Grenze werden in derselben Urkunde angegeben einerseits Langenfeld und Schwekenheim, anderseits der Spirbach. Von seiner früheren Grösse hat er heute noch ungefähr 8280 ha. In der Nähe von Wisloch grenzt er an die Schwetzingerhardt. Überhaupt breiten sich östlich der Lusshardt noch grosse Waldungen aus, von denen einzelne früher auch Reichsforste waren, so der Reichsforst Wallenberg in der Nähe der Reichsstadt Wimpfen (1223 von Heinrich VII. den Bürgern der Stadt geschenkt) und der Königsforst zwischen Neckargemünd und Laufen.

Speier stand in hoher Blüte namentlich unter den fränkischen Kaisern. Wie Frankfurt die Wahlstadt, Aachen die Krönungsstadt unserer Kaiser ist, so wird Speier als die Totenstadt bezeichnet; Konrad II., Heinrich III., Heinrich IV. und mehrere der folgenden Kaiser liegen hier begraben. Kaiser Konrad der Salier, „der in dieser Gegend heimisch gewesen", errichtete den Dom zu Speier und erbaute das Kloster Limburg. Speier ward von den fränkischen Königen „geliebt und gehoben"[4]).

---

[1]) v. Berg, Gesch. d. d. W. p. 289.

[2]) Stumpf 2497.

[3]) Böhmer, Urk. d. römisch. Kaiser und Könige, p. 83. Stumpf 2619.

[4]) Waitz, Annal. Altah: 1045, S. 801 von Heinrich III. dilecto sibi in loco. Ann. Hild. 1106 SS. 3. 111 von Heinrich IV. quia dilexit locum et populum pro omnibus. Vgl. Vita c. I. SS. 12. 270 und die Urk. für die Stadt bei Remling. Brief Heinrichs V. an die Mainzer, Hahn coll. 1. 204: Spiram, quod in cor nostrum altius ascendit.

Limburg.

Südlich von der Isenach erblickt man in prächtiger Lage auf einem Bergkegel die Ruine des Klosters Lintburg oder Limburg. Es war das Stammgut der Salier, sowie überhaupt die rheinfränkischen Lande damals nach dem Tode (1039) des Herzogs Konrad des Jüngeren, des Vetters Konrads II., unmittelbar von den salischen Königen selbst beherrscht wurden.

An demselben Tage, am 12. Juli 1030, an dem Konrad II. den Grundstein zu dem Dome von Speier legte, verwandelte er das väterliche Stammschloss in eine Benediktiner-Abtei.

Limburg liegt auf der Sandsteinhochfläche der Haardt, der Fortsetzung der aufs reichste mit Nadelholz bestandenen Vogesen. Das Wort „Haardt" bedeutet Wald, gleichwie das Wort „Harz"; beide Wörter haben denselben Ursprung. Wie das Gebiet der Haardt ziemlich bewaldet ist, so auch das Gebiet des Stiftes Limburg. Manche angrenzenden Gemeinden haben wegen des bei ihnen herrschenden Holzmangels „das Beholzigungsrecht in den ungeheuren Waldungen des Stiftes Limburg hergebracht"[1]). Anschliessend an die Waldungen des Stiftes Limburg dehnten sich die Wälder des Bannforstes „Lutara" aus, „der ohne Zweifel einer der ersten Bannforste war". Lutra, das spätere Kaiserslautern[2]), war in diesem Forste der königliche Palast. Die Grenzen dieses Forstes werden in einer Urkunde von Kaiser Otto I. im Jahre 945 angegeben. „In dem Bezirke dieses ehemaligen Bannforstes liegen jetzt 86,805 ha Staats- und 53,739 ha Gemeinde- und Stiftungswaldungen"[3]).

Nach Osten hin dehnten sich die bei Speier und Worms schon erwähnten Wälder aus — in der Mitte zwischen beiden Städten ungefähr, etwas westlich, liegt ja Limburg. Die rheinfränkische Heimat übte nun, wie natürlich, als Heimatland, so auch sicherlich wegen ihrer Schönheit und, was für unseren Zweck hervorgehoben werden muss, wegen der reichen Jagdgelegenheit grosse Anziehungskraft auf die salischen Herrscher aus.

---

[1]) Widder, Geograph. Beschreib. der Kurpfalz, III. p. 16.

[2]) Jost, Geschichte der Stadt Kaiserslautern, 1886.

[3]) v. Berg, p. 288.

Strassburg.

Strassburg liegt inmitten der Serpentinen von Ill und Rhein. Beide bilden ein chaotisches Wirrwarr von Altwässern, und die Gegend ist schlecht zur Ansiedlung geeignet. Die direkte Umgebung der Stadt ist flach. Aus der Ebene erheben sich in einiger Entfernung plötzlich die Bergrücken der Vogesen, deren hohe, dunkle Wälder die Flanke der Berge bekleiden, während die hohen Kämme unbewaldet sind. „Düstere Nadelwälder umgeben uns an den Bergflanken, moosumkleidete Granitblöcke, von wilden Rosen und Brombeeren umrankt, versperren den Pfad, wo die weitgebreiteten Äste mit langen Bartmoosen behängter Fichten den Weg beschatten." An den Flussufern, auf der linken Seite des Rheins, finden sich Waldreste, während das Hügelland früher gerodet wurde. Von Namen, welche auf Rodungen schliessen lassen, ist hier wenig zu merken. Erst im Gebirge tritt uns der Wald in geschlossener Masse entgegen. Auf der rechten Rheinseite, besonders am Rheinufer, sind die Wälder stärker vertreten: Korkerwald Mönchwald, Endingerwald und Bürgerwald. Auffällig sind die vielen Namen auf hurst, vielleicht dass diese Endung unsere Rodung vertritt [1]). Es wird sich wohl um einen Waldrest handeln: Gamshurst, Legelshurst, Hohnhurst, Herselhurst, Waghurst. Der Kaiser Heinrich II. räumte im Jahre 1017 dem Bischofe Wernher von Strassburg den Wildbann ein in dem Gebiete bei Strassburg, dessen nördliche Grenze die Moder bildet [2]). Nördlich von Strassburg dehnt sich der Hagenauer-Forst aus [3]). Freilich liegt er zu weit von Strassburg, als dass man von dort aus in ihm jagen und noch an demselben Tage zur Stadt zurückkehren konnte. Vielmehr wird man dann mehrere Tage in demselben geblieben sein und in Zelt oder Hütte übernachtet haben. Er wird als heiliger Forst bezeichnet. Es ist wohl möglich, dass in Gegenden, wo das Heidentum sich lange hielt, solche heiligen Forste zu Bannforsten gemacht wurden, eine Ansicht, der auch Grimm zuneigt.

---

[1]) Nach Kluge hurst (mhd.) = Gesträuch, Gebüsch, Dickicht.

[2]) Als. dipl. I. 150.

[3]) C. E. Ney, Gesch. des heiligen Forstes bei Hagenau im Elsass. Beiträge zur Landeskunde von Elsass-Lothringen II. 8. Heft. 1888.

„Was in dieser Gegend zu Anfang des 12. Jahrhunderts noch fast ununterbrochene Wildnis war, umfasst ein Areal von 20,000—25,000 ha. Es sperrte fast das ganze Rheintal ab und liess nur in nächster Nähe des Rheines und in den Vorbergen der Vogesen zwei schmale, ziemlich waldfreie Lücken, durch welche sich der Verkehr und grosse Heere ungefährdet bewegen konnten"[1]). Nicht die geringste Spur einer früheren zusammenfassenden Ansiedlung ist in diesem Forste zu finden. „Auf weitaus dem grössten Teile seines Umfanges waren demnach die Grenzen des Forstes um das Jahr 1100 in ihrem allgemeinen Verlaufe dieselben, wie heutzutage. Im ganzen mag der Forst damals in allem, was um 1100 noch dazu gehört haben kann, eine Fläche von höchstens 18000 ha eingenommen haben"[2]). 1065 schenkte Heinrich IV. diesen Forst in Verbindung mit zwei Dörfern (Hochfeld et Schweichusen cum foresto Heiligenforst nominato) dem Grafen Eberhard von Sponheim[3]). Jedoch ist die Familie der Sponheimer nicht lange im Besitze dieses Forstes geblieben. Urkunden und Inschriften aus den Jahren 1106[4]), 1116[5]), 1119[6]), 1129[7]) zeigen, dass über den Forst gleichzeitig verfügten der Kaiser Heinrich V., sein Neffe Friedrich I., der Einäugige von Büren und Staufen, Vater Barbarossas, und ein Graf Peter von Lützelburg, welch letzterem der dritte Baum im Forste zustand, also ein Drittel des Forstes. Die andern zwei Drittel wurden im Jahre 1125 nach dem Tode Kaiser Heinrichs V., der seinen Allodialbesitz seinem Neffen Friedrich I. vermachte, in dieser Hand vereinigt.

Bamberg.

Bamberg liegt an einem Nebenflusse des Main, an der Regnitz, welche sich hier in drei Arme teilt. Die fruchtbare Gegend, welche heute noch durch ihren Gemüsebau berühmt ist, vielleicht auch die strategische Lage bei der Flussteilung

---

1) Ney, p. 4.

2) Ney, p. 10 u. 11.

3) Schöpflin Als. dipl. I. 172. Stumpf 2668.

4) 1106. Als. dipl. I. 187.

5) Inschrift über der Sakristei des Klosters Walburg nach Bernhard Hertzogs Elsässer Chronik 1592, vergl. F. X. Kraus, Kunst und Altertum in Elsass-Lothringen I. p. 592. Strassburg 1876.

6) In der eben erwähnten Chronik.

7) 1126 Als. dipl. I. 204.

veranlassten schon früh einen Grafen von Babenberg, hier eine Burg zu errichten, um die sich bald eine Ansiedlung scharte. Als die Grafen von Babenberg ausstarben, geriet der Ort an die bayrischen Herzöge und weiterhin an König Heinrich II. Letzterer scheint eine besondere Vorliebe für Bamberg (contr. aus Babenberg) gehabt zu haben. Von ihm wurden 1007 in Bamberg ein Bistum, der Dom und ein Kloster nördlich von der Stadt auf dem Michelsberge als Niederlassung der Benediktiner errichtet. Kommen wir auf die Lage der Stadt zurück, so liegt sie selbst in der Talebene, während ihre Ausläufer sich amphitheatralisch über die benachbarten Hügel erstrecken. Während die unmittelbare Umgegend zum Gemüsebau ausgenutzt wird — er ist der älteste in Deutschland, und viele feine Gemüsesorten werden heute noch hier gezogen, auch hat die Gärtnerzunft uralte Privilegien — bedecken Wälder die Höhen.

Das ganze Blatt der Reymannschen Karte Bamberg ist zur grösseren Hälfte mit Wald bedeckt. Längs der Flüsse und Bäche und in geringerem Masse auf dem Plateau liegt Kulturland. Bis auf 2 km von der Stadt erstreckt sich der Hauptmoorwald; in der unmittelbaren Umgegend liegen der Michelsberg, Spitalwald und das Brüderholz. Als Hauptwald und als alter Reichsforst ist der Steiger-Wald zu nennen, ein Name, der auch zur Bezeichnung des von Norden nach Süden gehenden Gebirgszuges dient. In dem Jahre 1023 wird er in einer Urkunde[1]) vom 2. Dezember von Heinrich II. erwähnt als „bannum nostrum". In der betreffenden Urkunde sind auch die Grenzen genau bezeichnet: „incipientis de Iskinebach iuxta aquam Moin per viam, quae ducit ad Harindesich, inde recta via usque Ampferbach, inde ad urbem Eberaha, inde Wachenrode super pontem in eadem villa, sicque per viam, quae ducit ad Elesbach, inde ad Rottenmannum, ubi se comitatus Ratenzgevi atque Iphygevvi dividunt, inde usque in eum locum ubi Eha fluvius influit in Indiska, inde de Eha sursum usque in illum rivulum, qui de Detzelehim defluit in Eha, et eundem rivulum sursum usque Groszulzim, inde per rectam viam usque parvum Dornheim, deinde per publicam plateam supra villam Düllistat usque in Swarzaha, inde sursum

[1]) Stumpf 1816.

eundem fluvium usque stadela, inde a recta via per obliquum unius callis usque Lillisfeld, inde ad Brunenstatt, inde super Herelindeheim per medietatem Wostgenildes usque in publicam plateam, quae ducit ad Horehusum, inde ad Marckburghusen, inde usque ad medium Moin, et sic sursum Moin usque ad eum locum, de quo primum incepimus Eskinebach". Im allgemeinen bildet also im Nordosten und Westen der Main die Grenze; es füllte somit der Reichsforst den ganzen Bogen aus, den der Main dortselbst bildet. Ältere Zeugnisse aus der Zeit Karls des Grossen und des Kaisers Arnulf, sowie noch ein solches aus dem Jahre 1006 sagen von der Gegend um Bamberg und im Radenzgau (gleich Rednitzgau), dass jenes Land fast nur aus Wald bestehe [1]). Nach dem Altaicher Annalisten wird im Jahre 1041 ein grosser Teil des Waldes durch Windbruch niedergelegt:

„Eodem anno in orientali Francia ventus validissimus magna dedit damna adeo, ut iuxta montem Pavonis sylvae magnam partem prostraverit, innumera aedificia subruerit" [2]).

Nürnberg.

Während wir die Geschichte von Bamberg bis auf die Wurzel zurück verfolgen konnten, wissen wir von der Vorgeschichte Nürnbergs wenig. In den Urkunden wird Nürnberg erst in dem Jahre 1050 genannt [3]).

Der Boden Nürnbergs und ein weites darumliegendes Gebiet gehörten den salischen Kaisern. Inmitten dieses Besitzes erbauten sie sich eine Burg auf dem hochragenden Sandsteinfelsen über der Pegnitz. „Nicht unmöglich ist es, dass dem Kaiser Konrad, als er am 6. Mai 1025 von Mögeldorf aus hier vorbeikam, der Platz gefallen und er darauf die Anlegung der Burg befohlen habe [4]). Mit der Burg entstand eine Ansiedlung. In dem Jahre 1050, mit welchem uns die Burg zuerst genannt wird, sind sicherlich schon die Anfänge zur Stadt vorhanden gewesen. Sie wurde ein Durchgangspunkt

---

[1]) Reicke, Gesch. der Reichsstadt Nürnberg, p. 16. Ich habe das Zeugnis aus dem Jahre 1006 nicht finden können.

[2]) M. G. SS. XX. 796.

[3]) Langs Regesten Bd. I. p. 85. Monumenta Boica, Bd. 29. p. 101.

[4]) Reicke, Gesch. der Reichsstadt Nürnberg, p. 12.

des Handels nach Süd und Nord, nach Ost und West, besonders nach Italien.

„Nicht zu allen Zeiten war Nürnbergs Umgebung so, wie sie heutzutage erscheint. Bis nahe an die Stadt zog sich der Wald, bis Axt und Hacke des Ansiedlers in den jungfräulichen Beständen erklangen und der Pflug den dürren Waldboden aufwühlte. Von allen Seiten rückte der Wald dem Flusse nahe, von der Nordseite bis an die unvermittelt aus der Ebene emporsteigende Felserhebung, die später zur Erbauung der Burg einlud“ [1]). Zahlreiche Ortsnamen in Nürnbergs unmittelbarer Nähe bestätigen, dass dereinst der Wald das ganze Gebiet der Pegnitzniederung bedeckt habe: Poppenreut, Schnepfenreut, Schwazelohe, Billenreuth, Bislohe, Schwand, Röttenbach, Grossreut und Kleinreut, Thon, verderbt aus dem mittelalterlichen „zum Tann“, Buch, Lohe. Sogar den Namen Nürnberg erklärt man als eine Rodung. „Nurung, gleich Neuland oder Rodung, dürfte auf die einfachere und ältere Form Nurc zurückgehen. Darnach hiesse Nurenberg gerodeter, abgeholzter Berg“ [2]). Wie schon gesagt, war alles in der Umgebung Eigentum der salischen Könige, so denn auch der Nürnberg umgebende Reichswald. „Zu beiden Seiten der Pegnitz sich erstreckend und nach den beiden Hauptpfarren von Sankt Sebald und Sankt Lorenz zubenannt, bildete er allerdings wegen der ausserordentlichen Rechte und Nutzungen, die der Stadt und ihren Bürgern an seinem weit ausgedehnten Gebiet zustanden, eine Lebensfrage für dieselben. Noch heute ein Areal von mehr als 90000 Tagewerk überdeckend, nahm er früher mit seinen vielen Fürreuten oder in Ackerland verwandeltem Waldessaum und seinen Espanen oder Weideland, die längst alle in Privatbesitz übergegangen sind, ein weit umfassendes Gebiet ein [3]). Wenn man Konrad Celtis Angabe trauen darf, belief sich sein Umfang sogar auf sechzehn deutsche Meilen“ [4]). Über den Bestand und die innere Beschaffenheit, sowie über dessen Ge-

---

[1]) Ernst Mummenhoff, Altnürnberg, Schilderungen aus der älteren Reichsstädtischen Zeit bis zum Jahre 1350. p. I. in der Bayerischen Biblioth. 21—25. (22).

[2]) Mummenhoff, p. 4. Anm.

[3]) Beschreibung des Reichswaldes bei Nürnberg in geschichtl. u. wirtschaftlicher Beziehung. München 1852, p. 9.

[4]) Mummenhoff, p. 53.

schichte gibt Mummenhoff sehr interessante Angaben. Die Verwaltung des Reichswaldes lag seit frühester Zeit in den Händen kaiserlicher Beamten. Bei dem regen Interesse der salischen Könige für das Reichsgut, das sich in fester Geschlossenheit hier bei Nürnberg ausdehnte, war es natürlich, dass sie sich sehr oft hierselbst aufhielten. Gleichzeitig werden sie die herrliche Jagdgelegenheit nicht unbenutzt haben vorübergehen lassen. Die Sage weiss schon von Karl d. Gr. zu erzählen, „dass er sich hier in dem waldreichen Gebiete an der Jagd, von der er ein grosser Liebhaber gewesen, ergötzt habe. Ganze Nächte soll er im Gehölz geblieben sein und unter einem Zelt geschlafen haben“ [1]). Eine noch jetzt bestehende Kapelle soll von Karl d. Gr. errichtet sein zum Danke für seine Rettung, als er sich einst auf der Jagd im Walde verirrt hatte und in der Nacht vor den wilden Tieren gerettet worden war. Wir finden ja auch in der Umgebung Nürnbergs, zwischen Nürnberg und Bamberg, Forchheim, wo schon zur Zeit der Karolinger eine königliche Pfalz stand. Schon damals reizten diese wald- und wildreichen Gebiete die fränkischen Könige zur Jagd. Umsoweniger ist es daher zu verwundern, wenn später die salischen Könige bei dem verfallenen Forchheim sich in diesen Revieren an der günstigen Stelle, wo jetzt das blühende Nürnberg liegt, ein Jagdschloss erbauten, um von hier aus oft die Parole zum fröhlichen Jagen ergehen zu lassen:

„Halloh, Halloh! Frisch auf zur Jagd!
Frisch auf! ihr wackern Gesellen!
Es harren die Eber in Waldesnacht,
Es harren die Hirsche, die schnellen!“

die dann mit Lust und Freude ausgeführt wurde:

„Und mächtig tönen im rauschenden Wald
Die schallenden Lieder des Hornes;
Das Wild schreckt aus dem Hinterhalt
Am Ufer des sprudelnden Bornes.“ [2])

---

[1]) Vergl. Reicke, p. 10 et sequ.
[2]) Seiler bei Vinke. (Devens, p. 61.)

Regensburg.

Regensburg, als keltische Ansiedlung Radasbona, als römische Regina castra genannt, war wegen seiner günstigen Lage — der Knotenpunkt für die Vereinigung der Wege von Franken, Böhmen und der schwäbisch-bayerischen Hochebene — von alter Wichtigkeit und Berühmtheit. Bedeutend wurde es durch seinen Handel. Bis 1180, wo die Stadt durch Friedrich Barbarossa zur freien Reichsstadt erhoben wurde, war Regensburg die Hauptstadt von Bayern und Sitz der Herzöge, ein Grund für unseren deutschen Kaiser, der Stadt einen öfteren Besuch abzustatten.

Regensburg, an der Donau dem Einflusse des Regen gegenüber gelegen, hat zu seiner rechten Seite das Alluvialland der Donau, welches mit Ausnahme der alten Donauläufe Ackerland ist. Die nächste Umgebung von Regensburg ist ohne jeden Wald. Stärker ist die Bewaldung im Norden. Die Hügelzüge gehören noch zum Bayrischen Walde und sind stark mit Wald bedeckt. Von Forstnamen finden wir hier: den Krauterforst, Stauferforst, das Frauenholz und den königlichen Schaichhauserforst.

Mehr die Donau hinauf in der Kehlheimer Gegend, allerdings in einer Entfernung von 20 km, finden wir weitere grössere Waldmassen, unter denen wir den Porntener-Forst und den Kehlheimer-Wald nennen. Wälder waren also in der allernächsten Umgebung von Regensburg nicht vorhanden. Zu erwähnen ist freilich die herrliche Jagdgelegenheit in den Flussniederungen von Donau, Naab und Regen.

Harz.

Der Harz hat im Bau und Gestein viel Ähnlichkeit mit dem Rheinischen Schiefergebirge, mit dem es genetisch verbunden ist. Beide sind die Reste eines früheren grösseren Gebirges. Als Flächeninhalt wird 230,000 ha angegeben. Das Gebirge bildet ein Plateau, dessen Ränder besonders nach Norden hin steil abfallen. Die herrschende Formation ist Devon, ausserdem sind Granit und andere Eruptivgesteine stark vertreten. Von Gesteinen finden wir viel Grauwacke und Schiefer, daneben Sandstein.

Den meisten Regen bringt der herrschende Südwest-Wind. So erhebt sich die Regenmenge von Göttingen am Südfusse mit 55 cm auf 143 bei Klaustal, 170 auf dem Gipfel des Brockens, um im Norden auf 58 cm bei Salzwedel zu sinken.

Diesen klimatischen Verhältnissen entspricht auch die Vegetation. Stürme, Nebel und andauernder Regen des Brocken-Gebietes bedingen Torf-Moore, wie wir dasselbe beim hohen Venn in der Eifel gesehen haben. Die unteren Teile des Harzes zeigen Buchenwälder, welche bis etwa 640 Meter Meereshöhe vorkommen. Jedoch herrschen Fichtenwälder vor, welche bis etwa 1000 Meter steigen und die Waldgrenze bilden. An einigen Stellen finden wir Edeltannen, wie um Wernigerode, an anderen Lärchen, auf dem Sandboden des Ostens die Kiefer. Buchen waren früher weiter verbreitet. So finden wir die Namen Bochop bei Goslar, Bockenhai, Buchberg, Buchhof, Buchhorst. Auf Eiche weisen dagegen Aichberg, Eichberg, Eichelnberg, welche beide letzteren Namen mehrfach vorkommen. Geschichtliche Nachrichten sagen dasselbe. Wo man heute Stollen in Bergwerken mit Fichtenstämmen verzimmert trifft, fand man bei alten Bergwerken, z. B. bei der Grube „des Alten Mannes“ Birken-, Haseln- und Lindenholz, an anderen Stellen Birken- und Buchenholz. Gewisse Wahrscheinlichkeit mag es haben, dass Fichten eingeführt wurden wegen der geraden Stämme, brauchbar als Stütze für die Stollen. Nach einer Forstrechnung von 1593 wurden Eichen, Buchen und andere Laubhölzer verkauft. Ähnliche Beweise lassen sich in grösserer Zahl bringen. Bei Vorstehendem ist jedoch nicht aus dem Auge zu lassen, dass die Buche nicht über 640 Meter hinausgeht und darüber das natürliche Gebiet der Fichte beginnt. Um auf den heutigen Waldbestand zurückzukommen, so zeigen die Forste des Inspektionsbezirkes Hannover-Klaustal fast ausschliesslich Fichten.

Was den Wildbestand angeht, so sind Elch und Schelch, Ur und Wiesent ausgestorben; der letzte Bär ist 1705, der letzte Wolf 1798 und der letzte Luchs 1818 erlegt. Aber noch immer balzt auf den einsamen Höhen des Harzes der Auerhahn, noch immer wühlt sich in den Schluchten das Schwarzwild seine Kessel und zeigen sich Hirsch und Reh oft in stattlichen Rudeln. Im Gegensatz zu der Rheinprovinz herrscht trotzdem das Rotwild vor gegen das Rehwild.

Der Waldbestand in hohen Lagen ist besonders gefährdet durch Stürme. Zimmermann berechnet, dass allein im hannoverschen Oberharze jährlich circa 20 000 Stämme dem Sturm zum Opfer fallen. Der hohen Lage und dem kalten Klima entsprechend richtet auch der Schneebruch grossen Schaden an. Gering ist das Vorgenannte gegen den Schaden, den der Fichtenborkenkäfer verursacht. Er beschädigt in fünf Jahren über 2000000 Stämme.

Von dem ganzen Areal, das sich, wie vorhin gesagt wurde, auf 230000 ha beläuft, nimmt der Wald 160000 ha, also 80 % ein.

Die Rodungen betreffend ist zu sagen, dass das nördliche Vorland, dem besseren Lössboden und der grösseren Regenmenge entsprechend, auch früher besiedelt war. Da nun zwischen dem Thüringerwald und dem Harz ein Gebiet mit geringerem Regenfall liegt, das ausserdem auch noch am südlichen Harz ein Buntsandsteingebiet ist, so war das Land in jeder Beziehung schlechter; es wurde erst in späterer Zeit besiedelt, wie auch viele Ortsnamen mit den Endungen „rode“ zeigen. Um den eigentlichen Harz herum erstreckt sich, wie leicht erklärlich, ein Kranz von Rodungen. Dieselben greifen dann mehr oder weniger in das Waldgebiet des Harzes hinein. Erst als die Volksmenge dichter wurde, nahmen die Bewohner auch die öden Gebiete auf den Höhen in Angriff, lichteten den Urwald mit Axt und Feuer. Die Rodungen haben sich nicht sehr weit ausgedehnt, d. h. sie fallen bei dem noch so stark vertretenen Wald ($^4/_5$ %) nicht so sehr auf.

Als sich am Harzrande schon die Ansiedlungen zu grosser Blüte und zu hohem Ansehen erhoben hatten, als schon an den Talmündungen des Harzes zahlreiche stattliche Klöster erbaut waren, da lag ein grosser Teil des inneren Harzes noch lange Zeit hindurch als Urwald. Zahlreiche Bären und Wölfe schreckten die Bewohner zurück, ungestört hauste der Adler auf den Klippen und balzte der Auerhahn auf den Höhen. Heinrich Rosla singt gegen Ende des 13. Jahrhunderts in seinem lateinischen Epos „Herlingsberga“:

„Weit durch Sachsen erstreckt sich auf viele Meilen ein Bergwald,
Hartwald wird er mit Namen genannt von teutonischer Zunge,
Gröss're Gebirge wohl gibts, doch keines, das ihn überträfe,
Beides an Wald und Wild.“

Der allgemeinen Jagd jedoch war das ganze Gebiet des Harzes nicht geöffnet. Schon früh war er in seinem weitesten Umfange zum königlichen Bannforst erhoben. „Wer so hierin ein Wild fähnt, der soll wetten des Königs Bann, das sind 60 Schilling“ [1]). Durch die zahlreichen Schenkungen, welche die Könige an die benachbarten Fürsten und Klöster machten, trat eine allmähliche Zerstückelung des grossen Bannforstes ein. Heinrich II. schenkte am 3. September 1008 dem Stifte Gandersheim Bodfeld mit dem Forste und der Jagd. Heinrich IV. übertrug am 1. Januar 1086 [2]) dem Bischof von Hildesheim die Pfalz Werla mit deren Zubehör, nahm jedoch dabei den zu der Pfalz gehörenden Bezirk des Westharzes, den Kaiserforst im engeren Sinne und den später davon unterschiedenen Harzburgforst, mit dem Wildbann aus. Diese Bezirke scheinen bei der Verschenkung der Könige der Rest des grossen Bannforstes zu sein. Man kann die in dieser Zeit dem Reiche gehörigen Harzforste einteilen in drei Gebiete [3]):

1. Der Kaiserforst in nächster Umgebung Goslars, von dem uns einzelne Teile mit besonderen Namen begegnen, wie der Wald Ol [4]), Horst, Nordhold [5]). Es ist dieses in ungefähren Grenzen der jetzige Goslarsche Stadtforst.

2. Der Harzburgforst, der in später Zeit von dem Kaiserforst unterschieden wurde. Im 15. Jahrhundert kam er an das Haus Braunschweig.

3. Der Löwenforst, welcher im Süden und Westen an den Kaiserforst angrenzte und den Hellenforst einschloss. Er bildete den Wildbann des Königshofes Pöhlde. Im Jahre 1158, am 1. Januar, erhielt Heinrich der Löwe von Kaiser Friedrich I. den Wildbann [6]).

Einen besonderen Wert für die Fürsten hatte der Harz auch des Erzes, des Silberbergbaues wegen. Durch diesen

---

[1]) Sachsenspiegel II. art. LXII.

[2]) Stumpf 2871.

[3]) Frey, Schicksale des königl. Gutes in Deutschland; damit ist zu vergleichen die Recension von Weiland in den Götting. gelehrt. Anzeig. 1881, p. 1551 ff.

[4]) Stumpf 3162. 1120. 21. Januar. Stumpf: acta inedita 147 (119) 9. Mai 1152.

[5]) Stumpf: acta inedita 147 (199). a. 1152.

[6]) Stumpf 3792 u. 3793.

wurde indirekt der Wert des Holzes erhöht, indem es zum Schmelzen der Erze und zu Grubenholz gebraucht wurde.

In der Tat ist es aber für die sächsischen und fränkischen Kaiser charakteristisch, dass sie sich häufig in dieser Gegend aufhielten. Sicher ist es, und gar keines weiteren Beweises bedarf es, dass die schöne Jagdgelegenheit in diesem Gebiete für sie ein Anziehungspunkt war; sehr oft zogen sie von ihren, am Harzrande gelegenen Burgen und Königshöfen mit grossem Gefolge in das damals wildreiche Gebirge, dem es auch im Innern nicht an Jagdhäusern (Bodfeld, Siptenfelde, Hasselfelde) fehlte, um Hirsch und Eber, Ur und Auerhahn, Bär und Wolf zu jagen.

Goslar[1]).

Im nördlichen Oberharze finden wir die Pfalz Werla[2]), die zur Zeit der sächsischen Kaiser eine wichtige Rolle spielte. Jedoch war dieser Ort, welcher mehrere Meilen landeinwärts lag, nach der Urbarmachung der Vorlande wenig geeignet, als Sammelpunkt und Ausgangspunkt für die Kaiserjagden zu dienen.

„Zu dem Verwaltungsbezirke dieser Pfalz gehörte auch ein Hof nebst Forsthaus und Mühle, die inmitten des Waldes hart da, wo die grösseren Erhebungen des Gebirges aufhören und allmählich nach Norden hin in die Niederung übergehen, gelegen waren[3]). Hier liess König Heinrich I. wahrscheinlich umfassende Rodungen veranstalten und siedelte einen Teil seiner Dienstmannen auf dem neu gewonnenen Grund und Boden an. Das neue Dorf wurde, weil es an der Gose lag, Goslar genannt"[4]). Dieser Ort trat an die Stelle Werla's[5]).

---

[1]) A. Wolfstieg: Geschichte der Stadt Goslar im 11. und 12. Jahrhundert. Berliner Dissertation. 1883. L. Weiland: Goslar als Kaiserpfalz. Hansische Geschichtsblätter. Bd. V. 1888. Die Festschrift von Robert Müller, Goslars Gesch. u. Altertümer, konnte ich nicht erhalten.

[2]) Über die Lage dieser Pfalz vergl. die Untersuchungen Lüntzels: Diöcese Hildesheim, 1. p. 426 ff.

[3]) Adam von Bremen SS. VII. p. 346, quam de parvo, ut aiuas molendino vel tugurio formans venatoria. . . . Vergl. die Jahrbücher Heinrich II. Bd. II. p. 51. Anmerk. 1.

[4]) A. Wolfstieg.

[5]) Über die Art und Weise der Verlegung der Pfalz vergl. die Ausführung bei Wolfstieg, p. 8. Anmerk. 24.

Am 4. November 979 wird uns Goslar zum erstenmal urkundlich genannt[1]). Goslar selbst lag mitten im Walde, wie es ja heute noch von einer kolossalen Waldmasse direkt umgeben ist; zu unserer Zeit „mochte noch das ganze obere Ockertal bis an die Lande der sächsischen Brunonen als ein zum Harze gehöriges Waldtal betrachtet werden. Die jetzt allein bewaldeten, an beiden Seiten aufsteigenden und den Fluss begleitenden Höhen werden zu jener Zeit ihre dichten Waldbestände bis an das sumpfige Flussbett selbst erstreckt haben“ [2]).

Schon Heinrich I. besuchte Goslar öfters der Jagd wegen. Unde legitur in Chronico Amelungbornensi (12. Jahrh.): „Locum illum, qui nunc Goslar dicitur, Henricus Imperator adire frequenter venandi gratia consueverat. Nam nemorosus erat ursorum, cervorum, caprearumque venatui insignis“ [3]).

Heinrich II. erhob Goslar eigentlich zur Pfalz und legte den Grund zu seiner späteren Blüte. Er fing an, diesen Ort, welcher etwa aus einigen zerstreut liegenden Wohnungen bestand, worunter das königliche Jagdhaus und der Weiler wohl am vornehmsten gewesen sein mögen, weiter auszubauen[4]). Eine glänzende Zeit für Goslar erstand unter den salischen Königen, welche der aufstrebenden Stadt ihre Gunst und Vorliebe zeigten, namentlich unter Heinrich III. Dieser erbaute den grossen Reichspalast, dessen Reste sich bis zum heutigen Tage erhalten haben, und in dessen Nähe den herrlichen Dom, „einen leuchtenden Schmuck für das ganze Sachsenland“. Heinrich IV. baute den Palast, dessen Saalbau durch einen Brand 1065 beschädigt war, wieder auf[5]). Aus dem ursprünglichen Jagdhause wurde bei der Vorliebe der Kaiser für diesen Ort, sei es wegen der herrlichen Lage in den weiten Jagdrevieren des Harzes, sei es wegen des grossen Erzreichtums dieses Gebirges eine geräumige, schöne Pfalz, die den deutschen Königen, namentlich den Saliern, auf Wochen und Monate zur Residenz diente.

---

[1]) Stumpf 753.

[2]) Günther, p. 420.

[3]) Antiq. Gosl. lib. I. a. 923—924. p. 8.

[4]) Thietmar von Merseburg SS. III. p. 853.

[5]) Bertholdi Chron. u. Bernoldi Chron. SS. V. vergl. SS. XIII. 732.

Pöhlde.

Ein häufiger Aufenthalt der deutschen Kaiser ist auch Pöhlde. Am Südrande des Harzes liegt es am Fusse des Rotenberges, ein kleines Städtchen in fruchtbarer Gegend an der Oder, einem Nebenfluss der Leine. Strassen, die den Harz umsäumen und anderseits ihn durchziehen, liegen in seiner Nähe. Die Ludolfinger waren hier begütert. In einer Urkunde vom Jahre 1157 wird Heinrich dem Löwen der Hof Pöhlde geschenkt und ausserdem von dem Wildbann im Harzwalde gesprochen, den der Herzog vom Reiche zum Leben habe. Es ist dieses der Wildbann im Löwenforst, den wir schon erwähnten. In Pöhlde verweilte Heinrich II. eine Reihe von Jahren zur Weihnachtszeit: 1004, 1006, 1007, 1010, 1013, 1015 und 1017.

In späteren Jahren wird von einem Kloster in Pöhlde die Verpflichtung erwähnt, jedes Jahr 2 junge Hunde aufzuziehen und die ganze Meute der Jagdhunde während der Fastenzeit zu verpflegen. Im Jahre 1510 kaufte der Propst Hennig Wolf diese Last dem Herzog Philipp von Grubenhagen ab[1]). Ein Beweis also für die sonst auf der Hand liegende Tatsache, dass man von dort aus viel auf die Jagd gegangen ist.

Wallhausen.

Am Südostrande des Harzes liegt eine Gruppe von drei Ortschaften: Wallhausen, Tilleda und Allstedt. Wallhausen liegt am Ufer der Helme in der wegen ihrer Fruchtbarkeit berühmten goldenen Aue, einige Kilometer entfernt vom Kyffhäusergebirge. Die Helme abwärts waren grosse Sumpfgegenden. Der Fluss teilt sich in zwei Arme, und Namen wie Martinsrieth, Riethhaardhausen, Katharinenrieth, Nicolasrieth verraten noch die frühere Beschaffenheit der Gegenden. Das Kloster Walkenried erwarb diese wertlosen Waldstriche für geringes Geld, und Holländer, mit dem Trockenlegen der Sümpfe wohl vertraut, schufen fruchtbares Ackerland, wo früher Biber und Fischotter ihre Heimat hatten, Reiher und Wildenten brüteten und nur der Wind im Rauschen des Schilfes

---

[1]) Günther, p. 349

und Röhrichts sein trauriges Lied sang[1]). Man sagt, in der Nähe habe ein Heiligtum der Sachsen gestanden, dem der Ort seinen Namen verdanke; andere sagen, der Sachsenwald habe in der Nähe gelegen. Die Harzwälder lagen nahe, ebenso die allerdings schwer zugänglichen Waldungen des steilen Kyffhäusers. Sumpf und Röhricht sind jederzeit eine Zuflucht und ein Versteck für verfolgtes Wild, besonders suchen die Sauen dort ihre Suhlplätze. Den Ausschlag gaben natürlich die nahen Wälder des Harzes. Die frühere Pfalz lag nicht an der Stelle des jetzigen Schlosses, sondern nördlich von Wallhausen auf dem sogenannten Berge „Kaiser". Otto der Grosse verweilte hier öfters: Im November 943, Oktober 952, November 965, Februar 966, Dezember 981.

Tilleda.

Dem Fusse des Kyffhäusers lag Tilleda näher, vom Harzrande nur einige Kilometer entfernt. Das ehemalige Sumpfgebiet, von dem wir bei Wallhausen sprachen, findet sich auch hier an der Helme, und der Kyffhäuser war damals, wie er es heute noch ist, ein einziges grosses Waldgebiet. Dieselben Gründe, die wir für Wallhausen anführen können, liegen auch für Tilleda nicht fern.

Die Lage der Pfalz ist erst in den letzten Jahren sicher festgestellt worden. Südlich von dem jetzigen Dorfe, auf dem Rücken zwischen der jetzigen Ortschaft und dem Kyffhäusergebirge, entdeckte man Fundamente von Rundturm und Ringmauern, wie auch Spuren von Wallgräben. Die Lage war also verhältnismässig schön. Im Süden steigt die dunkle Waldmasse des Kyffhäusers an; im Norden schweift der Blick über das sonnige Helmetal und seine fruchtbaren Auen, während aus der Ferne im duftigen Blau die Waldungen des Harzes herüberwinken. Ein gepflasterter Weg, der sog. Kaiserweg, von dem wir heute noch Spuren finden, stellte eine leichte Verbindung zwischen Allstedt und Tilleda her.

Allstedt.

Allstedt liegt im Grossherzogtum Weimar am rechten Ufer der Rohne, eines Baches, der sich in die Helme ergiesst.

---

[1]) Vergl. die eingehende Abhandlung hierüber von R. Schicht: Die Cistercienser und die niederländischen Kolonisten in der goldenen Aue. (Im 12. Jahrh.) Zeitschrift f. d. Harzv. 1888. 21.

Das Gelände ist flach; jedoch erheben sich im Osten Hügelzüge, die zum Teil noch bewaldet sind. Der Allstedter-Forst oder die sog. „Wüste" ist zwar klein, aber der Ziegelroder-Forst ist bedeutender. Die genannten Forste mögen etwa 40 Quadratkilometer gross sein; es sind hier Rodungen vorgenommen, worauf die Namen Landgrafenrode und Ziegelrode hinweisen. Im Nordosten liegen Bischofrode, Rotenschirmbach, Wolferode, Schmalzerode, Klosterrode. Bessere Gelegenheit zur Jagd bot sich in einiger Entfernung. Der hohe Schrecke, 10 km südwestlich, ist heute noch mit Wald bedeckt. Hier finden wir auch noch die Namen: Braunsrode, Langenroda, Kleinroda, Hauterroda. Im Norden liegt 10 bis 20 km entfernt der Hagenwald bei Emseloh, ein günstiges Jagdgebiet, wie auch die Gegend zwischen hier und Annarode.

Am Rande des Harzes lagen also die eben erwähnten Pfalzen, welche die Kaiser als Ausgangspunkte für ihre Jagden wählten. Im Innern des Harzes finden wir mehrere Jagdhäuser, welche ihnen dann bei den mehrtägigen Jagden als Aufenthaltsorte dienten. In dem wildreichen Oberharze ist kein Jagdhaus, da man für den westlichen Teil des Oberharzes bei dem nahen Goslar und für den östlichen Teil desselben bei dem nahen Bodfeld eines Jagdschlosses entbehren konnte. Freilich heisst noch heute bei Schulenburg ein Platz, wohin die Sage auch den Finkenherd Heinrichs I. verlegt, „der Kaiser Heinrich", und eine Karte aus dem 16. Jahrhundert zeigt hier eine „Königswiese". Doch von einem Jagdhause weiss weder die Sage noch die Geschichte zu berichten. In dem Unterharze finden wir dagegen mehrere Jagdhäuser, wie Bodfeld, Hasselfelde, Siptenfelde und Selkenfelde.

Bodfeld.

Wie lustig einst das Jagdhorn klang
Bei Bodfeld, wenn am Harz entlang
Der Kaiser Heinrich, wie es tagt,
Mit seinen Edlen ritt zur Jagd,
Umgeben von der Meute Tross,
Verfolgt den Hirsch auf schnellem Ross,
Und wenn der Fang ihm dann gelang,
Halloh! Trarah! Welch Jubelklang!

Wohl weiter ging's nach kurzer Ruh
Ins Dickicht, auf die Felsen zu,
Der Jagdzug in die Schluchten drang,
Den Wolf, den Bären man bezwang.
Wenn reiche Beut' gewährt der Tag,
War abends frohes Jagdgelag;
Man sprach dem Humpen weidlich zu,
Legt tief ermüdet sich zur Ruh.

Wo ist des kühnen Jägers Schloss?
Unfern der Bode stand's, nicht gross,
Doch reich geziert mit Hirschgeweih
Und Tiergestalten mancherlei;
Einst wohlbekannt in weiter Rund,
Verschwunden jetzt bis auf den Grund,
Vergebens späht des Forschers Blick,
Ein ödes Feld blieb nur zurück[1]).

„Wo ist des kühnen Jägers Schloss?" Mit Sicherheit kann noch nicht festgestellt werden, wo dereinst jene alte Jagdpfalz Bodfeld gestanden hat. Ich verweise auf die Arbeit von Prof. Dr. H. Höfer „Der Königshof Bodfeld" in der Zeitschrift für den Harzverein 29. und 30, in welcher die wichtigsten Hypothesen zusammengestellt und besprochen werden. Man nimmt zumeist an, dass sie ungefähr 5 km von Elbingerrode entfernt in dem vielbesungenen Bodetal, auf der jetzt öden Wiesenfläche am Papenberge gestanden habe. „Mit Goslar durch einen alten, über das Brockenfeld führenden Weg verbunden, nahm die verborgene Waldburg in den Monaten August, September und Oktober gar oft die deutschen Könige und Kaiser von Heinrich I. bis Heinrich III. mit ihrem Gefolge in ihre beschränkten Räume auf. Von diesem günstig gelegenen Standquartier aus durchstreiften sie jagend die Schluchten und Brüche, die Berge und Hochebenen des Brockengebirges und östlichen Oberharzes"[2]). Von Heinrich I. erzählt die gleichzeitige Lebensbeschreibung seiner Gemahlin, dass er sich sehr oft mit dem Weidwerk hier belustigte[3]). Auch

---

1) Mitthoff, Kunstdenkmale. II. 11.
2) Günther, p. 504.
3) Vita Mathildis. c. 7. a. 968. M. G. SS. IV. p. 288. Podshaec Rex Henricus adiit Botfelthum quo saepissimo exercuit venatum.

seine Nachfolger finden wir oft „zur Jagdzeit" in Bodfeld. Einen Beweis für die einträgliche Jagd liefert uns die Urkunde [1]) vom 13. September 936, von Otto I. in Quedlinburg ausgestellt. Darin wird dem Stifte der Jagdzehnte von „Bodfeldon und Sipponfeldon" geschenkt. Wenngleich auch Heinrich II. den Hof Bodfeld an seine Verwandte, die Äbtissin Sophie, und das Stift Gandersheim schenkte [2]), so hielt es doch die fränkischen Könige Konrad II. und Heinrich III. nicht ab, diesen Ort häufig aufzusuchen. In dem Jahre 1056 weilten sogar beide Häupter der Christenheit auf dem Jagdschlosse an der Bode. Papst Victor II. hatte zuvor die Stiftskirche in Goslar eingeweiht; „an diese Feierlichkeiten reihte sich ein Aufenthalt im Gebirge und das fürstliche Vergnügen der hohen Jagd zu Bodfeld." [3]). Heinrich wurde von einer schweren Krankheit ergriffen, da er sich auf der Jagd erhitzt und zu viel gebratene Hirschleber gegessen hatte; er starb darauf am 5. Oktober nach siebentägigem Krankenlager [4]).

Das Jagdschloss Bodfeld verschwindet jetzt aus der Geschichte; nur noch einmal 1194 wird es genannt, als Heinrich der Löwe, der von Braunschweig zum Reichstag nach Saalfeld reiste, in der Nähe Bodfelds vom Pferde stürzte und den Fuss brach.

Siptenfelde.

Gleichfalls ist Siptenfelde als Jagdhaus bezeugt. Es liegt etwa in der Mitte zwischen Alexisbad und Guntersberge. Man wird nicht fehlgehen, wenn man annimmt, „dass Siptenfelde, ebenso wie die Jagdschlösser Bodfeld und Hasselfelde, an der von Westen nach Osten laufenden und die Königshöfe Seesen und Wallbeck verbindenden grossen Harzstrasse lag" [5]). Das Dorf selbst, in dessen Nähe das Jagdhaus lag, wurde im

---

[1]) Stumpf 56, ad an. 936. 13. Sept. M. G. Dipl. I. 89. ac decimam partem in Bodfeldon et Sipponfeldon ex omni venatione.

[2]) Stumpf 1506, ad an. 1008. 3. Sept.

[3]) Höfer, p. 343 Z. f. d. Harzv. 29. M. G. SS. V. 157. Inde profectus Botfelden, cum ibi aliquamdiu venationi deditus moraretur, . . .

[4]) Lambert v. Hersfeld, Annal. 1056. M. G. SS. V. p. 157 et p. 270. Nec multo post ipse corporis molestia correptus, cum septem aut eo amplius diebus lecto decubasset, diem clausit extremum.

[5]) F. Maurer, Aufgrabungen am Münchehof bei Siptenfelde im Harz. Zeitschr. f. d. Harzv. 25. 1892.

Laufe der Zeit wüst und 1663 vom Fürsten Wilhelm zu Anhalt eine Viertelstunde von der alten Stelle entfernt neu gegründet.

Von diesem Jagdhause aus pflegte schon Kaiser Otto I. häufig im Hochsommer der Jagd. Zahlreiche Urkunden bezeugen seine Gegenwart daselbst: 936 Sipponfeldon, 940 Sippenvelde, 946 Sibbinvelde, 961 Sippanvelth, Sipponifelde[1]).

Der Jagdzehnte von Siptenfelde musste laut der schon erwähnten Urkunde an das Stift Quedlinburg abgegeben werden[2]).

Selkenfelde.

Auch in Selkenfelde[3]) besassen schon die sächsischen Könige ein Jagdhaus. Die jetzige Wüstung Selkenfelde gehört zur Gemeinde Stiege und liegt nicht weit von der anhaltischen Grenze auf braunschweigischem Gebiet.

Der Name Selkenfelde rührt her von dem Flusse Selke, der in der Nähe entspringt. Der Ort mit seinem Jagdhaus hat ungefähr ein gleiches Alter wie das eben erwähnte Siptenfelde. Schon früh im Laufe des 14. Jahrhunderts scheint der Ort eine Wüstung geworden zu sein. Wir hören zuerst von ihm am 15. Juli 961, als König Otto I. dem Servatiuskloster in Quedlinburg unter andern Orten auch Silicanuelth schenkte[4]). Der Name des Ortes bildete sich dann im Laufe der Zeit um zu dem jetzigen.

Hasselfelde.

Ein anderes Jagdhaus war Hasselfelde[5]). Dasselbe lag an der Hasel auf dem mit Tannen bewachsenen hohen Harz; jetzt ist die Hochfläche meist entwaldet. Sehr günstig war die Lage an der grossen Harzstrasse und an der Kreuzung

---

[1]) 936 Sipponfeldon M. G. Dipl. I. 89. (1). 940 Sippenvelde M. G. Dipl. I. 119 (33). 946 Sibbinuelde M. G. Dipl. I. 158 (78). 961 Sippanuelth M. G. Dipl. I. 313 (228). 961 Sipponifelde M. G. Dipl. I. 314 (229).

[2]) Siehe Bodfeld.

[3]) V. v. Röder, Einiges über die Wüstung Selkenfelde. Zeitschr. f. d. Harzv. 25. 1892.

[4]) Ed. Jacobs, Die Besiedelung des hohen Harzes, Zeitschr. f. d. Harzv. 3. 1870.

[5]) M. G. Dipl. I. 313 (228).

mehrerer Strassen[1]). Schon im 10. Jahrhundert stand hierselbst ein Jagdhaus. Heinrich III. finden wir mehrmals dort (1043 und 1052), bei welcher Gelegenheit der Aufenthalt dortselbst als Jagdaufenthalt klar zu Tage tritt. Die Stadt Hasselfeld, die jetzt ungefähr 3000 Einwohner zählt, ist erst im 14. Jahrhundert entstanden durch Vereinigung von drei an der Hasel gelegenen Dörfern gleichen Namens[2]).

---

[1]) Annal. Stadenses M. G. SS. XVI. p. 139.

[2]) Zeit. d. Harzv. 1869. p. 90. Comes Poppo tenet ab imperio tres villas, quae dicuntur omnes Hasilvelde. 1046 heisst es Haselfelt v. Heinemann C. D. Anhalt. I. 94.

IV. Kapitel.

Das Itinerar der Kaiser.

Wenn wir im folgenden das Itinerar der einzelnen Könige dazu benutzen, um einen Anhalt zu gewinnen dafür, ob sie auf den einzelnen Pfalzen gejagt haben oder nicht, so müssen wir vor allem zwei Gruppen von Daten unterscheiden. Die ersten beziehen sich auf längeren Aufenthalt, wobei die Anzahl der Tage desselben ausdrücklich angegeben ist. Viel öfter dagegen finden wir bloss einzelne Tage bemerkt. So war Kaiser Konrad II. im Jahre 1031 am 8. Juni in Worms, am 20. Juli in Goslar, also über vierzig Tage fehlen uns die Nachrichten. Zieht man hiervon 10 Tage für die Reise ab, so bleibt die Frage des Aufenthaltes doch für einen ganzen Monat ungelöst. Nun hätte er sowohl in Worms als auch in Goslar auf die Jagd gehen können; an beiden Stellen war Gelegenheit genug dazu. Wir wollen aber von solchen Fällen, weil sie ungewiss sind, absehen.

Wo es sich um einen Aufenthalt in nahe gelegenen Städten handelt, wenn auch bei jeder derselben der Aufenthalt nur für einen einzigen Tag, etwa durch ein von dort datiertes Dokument nachzuweisen ist, liegt die Sache anders. Eine solche Gruppe nahe gelegener Orte finden wir z. B. im folgenden: Im Jahre 1028 ist die Anwesenheit Konrads II. bezeugt für den 1. August in Allstedt, für den 20. August in Wallhausen, für den 11. September in Imbshausen, für den 10. Oktober in Pöhlde. Hier müssen wir also voraussetzen, dass der Kaiser wirklich vom 1. August bis 10. Oktober nicht aus der Harzgegend fortging. Wir werden also sowohl den Daueraufenthalt an einem einzigen Orte als auch in einer Ortsgruppe, in einer Gegend, für unseren Zweck benutzen.

Gleichzeitig müssen wir bei dieser Gelegenheit noch einige Bemerkungen betreffs der Jagdzeit vorausschicken.

Die Angaben über die damaligen Jagdzeiten sind unsicher und widersprechend. Jedoch finden wir mit einiger Überlegung die natürlichen Schonzeiten heraus. Jedes weibliche Wild wird geschont, wenn es trächtig ist, wie ja überhaupt aus ganz naturgemässen Gründen weibliches Wild mehr Schonzeit hat, wie männliches. Raubwild ist das ganze Jahr jagdbar. Das Rotwild wird nicht geschossen während der Monate, in denen es kein Geweih trägt und das Gehörn noch nicht gefegt ist, das Wild also damit im weidmännischen Sinne aufhört, eine erstrebenswerte Beute zu sein. Dagegen war die Jagd auf Vogelwild das ganze Jahr geöffnet, wie ja heute noch die Schonzeit für das Vogelwild im allgemeinen nicht von langer Dauer ist. Nur für leicht aussterbendes Geflügel ist eine längere Schonzeit angesetzt, dagegen beträgt für wilde Schwäne, Kraniche, Brachvögel, Wachtelkönige und alle anderen jagdbaren Sumpf- und Wasservögel mit Ausnahme der wilden Gänse die Schonzeit nur 2 Monate. Diese kann jedoch noch nach Bedarf eingeschränkt oder gänzlich aufgehoben werden [1]). Den Winter über war die Beize weniger anwendbar, weil die Zugvögel das Land eben verlassen haben. Wenn das Wasser gefriert, kann das Wassergeflügel seine Nahrung nicht mehr finden.

Konrad II.

Im Jahre 1024 war Konrad II. von Mitte Oktober bis Anfang November in Nymwegen. Es ist ja der Herbst und allenfalls der Winter die eigentliche Jagdzeit. Er konnte also auf Hirsche, Elchwild, das sich in den sumpfigen Niederungen der Gegend aufhalten mochte, jagen und der in dieser Gegend so blühenden Falkenbeize obliegen. Ungefähr 3 Monate (26. Juli Tribur bis 1. November Bodfeld) hielt er sich im Jahre 1025 in Tribur auf. Hier liegt die Annahme nahe, dass er in dem Dreieicherforste gejagt hat; derselbe war ja, wie wir bei den Einzelbeschreibungen gesehen haben, ausgedehnt genug, dass man sich dort mehrere Monate an der Jagd erfreuen konnte.

---

[1]) Vgl. Josef Bauer, Wildschongesetz vom 14. Juli 1904 für den praktischen Gebrauch ausführlich erläutert. Neudamm 1904.

Den November dieses Jahres dagegen bringt er in Bodfeld zu, in demjenigen Orte, wo der Charakter der Jagdpfalz wohl am ausgeprägtesten ist. Beim frisch gefallenen Schnee zeigt sich leicht des Wildes Fährte, und es mag eine Lust gewesen sein, dem Eber dort nachzujagen.

Das Jahr 1026 und den Anfang des Jahres 1027 verbrachte er in Italien, von wo er erst im Mai zurückkehrte.

Im April und Mai 1028 finden wir ihn in Aachen, wo er in den dichten Waldungen Auer- und Birkhühner gejagt haben wird.

Vom 1. August bis 10. Oktober hält er sich in der Harzgegend auf, und zwar am 1. August in Allstedt, am 20. August in Wallhausen, am 11. September in Imbshausen, am 10. Oktober in Pöhlde, eine Gruppe nahe gelegener Orte. Hier hatte er also den ganzen Herbst über Gelegenheit zur Jagd. Allerdings sei hier für alle Fälle bemerkt, dass die fast andauernden Streitigkeiten an der Ostgrenze die Zeit der Könige oft in Anspruch nahmen.

Vom 12. Juni 1029 bis Ende Oktober war er in Strassburg; der Juli ist der eigentliche Monat zur Eröffnung der Hirschjagd.

Im Winter 1031 hielt er sich längere Zeit, fast 3 Monate, im Harz auf; seine Anwesenheit ist für den 20. Januar und für den 19. Februar in Goslar bezeugt.

Am 20. April erst treffen wir ihn in Nymwegen, wo er den Monat April und Mai verweilt. Die Umgegend von Nymwegen war ja, wie schon oft hervorgehoben, wegen der sumpfigen Ufer des Rheines zur Falkenjagd, die gerade in diese Jahreszeit fällt, am besten geeignet.

Sommer und Herbst desselben Jahres weilt er in der Harzgegend (20. Juli bis Ende des Jahres).

Am 21. Februar 1032 ist er in Limburg a. d. Haardt, seinem Erbgut in fränkischer Heimat, und erst am 2. April finden wir ihn wieder in dem nicht allzu fern liegenden Seligenstadt.

Wie im Jahre 1031, so sehen wir ihn auch im Jahre 1033 im April bis in die Mitte des Maimonates in Nymwegen.

Das Ende des Jahres 1033 bringt er wieder in Sachsen zu.

Am 30. Januar 1034 ist er in Worms. An diesen Besuch Konrads in Rheinfranken schloss sich ein längerer Aufenthalt im Mainlande an, wo wir ihn anfangs März in Seligenstadt treffen.

Der 14. April 1034 führt Konrad nach Regensburg, das er erst am 8. Mai verlässt. Ein grosser Hoftag fand hier statt, und nach Erledigung der Geschäfte werden sich an die Feste Bankette und auch lustige Jagden angeschlossen haben.

Herbst und Winter wird er wohl im Harze verbracht haben, wo wir ihn ja öfters zu dieser Jahreszeit finden. Weihnachten feiert er in Goslar, und noch zu Anfang des folgenden Jahres ist er dort. „Da wir ihn in den Harzgegenden wiedertreffen, wird er wohl sofort dahingegangen sein“[1]).

Mai und Juni 1035 ist in Bamberg Hoftag; die Verhältnisse sind also ähnlich, wie im vorigen Jahre in Regensburg.

Im Juni 1036 fand die Vermählung seines Sohnes Heinrich mit Gunhild, der Tochter des Dänenkönigs Kanut, in Nymwegen statt.

Im Juli und Anfang August treffen wir ihn in Mainz in der Nachbarschaft der Dreieich. Im Herbst, und zwar vom 10. bis 26. Oktober, verweilte er in Tilleda am Harz.

Die Jahre 1037 und 1038 bringen den Zug nach Italien, von welchem der Kaiser gichtkrank zurückkehrt, und 1039 ereilte ihn in Utrecht der Tod.

Aus der, über den Aufenthalt Konrads II. für die einzelnen Jahre und Monate aufgestellten Tabelle können etwa folgende Schlüsse gezogen werden:

Zuerst ist auffällig, dass im Herbst der Harz bevorzugt wird. Der Herbst ist die eigentliche Jagdzeit und der Harz das bevorzugte Jagdterrain. Auch finden wir mehrere Aufenthalte im Winter hier.

Im Frühjahr dagegen und im Juni, der schlechtesten Zeit des Jahres in Bezug auf die Jagd, finden wir ihn vielfach in Nymwegen, dessen Umgebung zur Falkenjagd besonders geeignet ist. In derselben Zeit treffen wir ihn auch einigemal in der Gegend von Aachen und Regensburg beziehungsweise Bamberg.

Der Sommer wird noch am ersten in der Rheingegend verbracht, Juli und August, die heissesten Monate des Jahres, in Tribur, Strassburg, Mainz und der Dreieich. Es ist das nicht ganz unverständlich; die Nähe des Rheinstromes und der kühle Wein werden wohl die Hitze des Sommers gemildert haben.

[1]) H Bresslau, Jahrbücher d. Deutschen Reichs unter Konrad II.

Der Harz diente als Herbst- und Winteraufenthalt und als Haupt-Jagdterrain, die Rheingegend zur Erholung und die Umgebung von Nymwegen zur Falkenjagd. Konrad II. hat mithin die Extreme aufgesucht, im kalten Winter die unwirtlichen Harzgegenden, im warmen Sommer die heissen Rheingebiete.

Heinrich III.

Heinrich III. wird in der Geschichte geschildert als ein Mann von strengem Ernste, unempfänglich für jeglichen Genuss, von heftigen Leidenschaften und schrankenlosem Ehrgeiz, eine ausgeprägte Herrschernatur. Vielfache Kriege mit Böhmen, Ungarn, Flandern und Burgund sowie kirchliche Streitigkeiten durchziehen die Zeit seiner Regierung. Wenn einer solch harten, ernsten und ideal angelegten Natur etwas, das man Vergnügen nennen kann, nahe lag, wird es dann wohl nicht am ersten die Jagd gewesen sein?

Wir finden den König am 8. August 1039 in Aachen und vom 12. bis 20. August in Maastricht, beide Orte in der Nähe des Ardennenwaldes.

Am 3. September weilt er in Goslar. Bei Konrad II. sahen wir schon, dass er sich häufig dort aufgehalten; am 13. September treffen wir Heinrich III. in dem Goslar nahe gelegenen, waldumkränzten Bodfeld, mitten im Harze; am 19. September ist er noch hier.

Von Ostern (6. April 1049) bis Ende April hält er sich in Ingelheim auf.

Während der Zeit vom 29. September bis zum Dezember hinein weilt er in der Harzgegend. Hier nimmt er einen mehrmonatlichen Aufenthalt. Vom 30. November bis 5. Dezember ist er in Allstedt. Die Jagd wird ihm hier eine Erholung von den Staatsgeschäften gewährt haben.

In der obengenannten Ardennengegend verbringt er die ersten Monate des Jahres 1041. Vom 26. Januar bis 7. Februar ist er in Aachen; alsdann ist seine Anwesenheit in Maastricht am 13. Februar und am 22. März bezeugt.

Sodann zieht er nach Franken, über Mainz nach Seligenstadt; hier, im Gebiet von Mainz und Seligenstadt, verweilt er mehrere Wochen im April (5. April bis 30. April). Er empfängt hier eine böhmische Gesandtschaft und hält mit seinen Fürsten Kriegsrat. Die übrige Zeit ist für die

Jagd frei. Darauf finden wir ihn noch einen Monat lang am Rheine in der Gegend von Speier (1. Mai) und Worms (14. Mai).

Am 30. Juni und 22. Juli treffen wir ihn in Goslar beziehungsweise Tilleda, in der schon oft erwähnten Harzgegend. Hier handelt es sich allerdings in erster Linie um Beratung eines Feldzugsplanes gegen Böhmen.

Weihnachten feiert er in Goslar und verweilt noch bis Mitte Februar des Jahres 1043 in dieser Pfalz. Mitte Januar macht er einen Ausflug nach dem Jagdhaus Hasselfelde im südöstlichen Harz.

In den Monat November fällt seine Vermählung mit Agnes von Poitiers, welche ihn in der ersten Zeit mehr gefesselt haben mag, als alles andere. Den übrigen Teil des Winters verlebt der König mit seiner Gemahlin in Sachsen, nachdem er Trier, wo er das Weihnachtsfest gefeiert, schon zu Anfang Januar verlassen hat. Am 21. Februar treffen wir ihn in Goslar, wo er auch wahrscheinlich noch den Monat März zubringt.

Bei dem Aufenthalte in Nymwegen am 21. April, der sich noch 14 Tage nach dem Osterfest nachweisen lässt, werden ihm die Streitigkeiten, welche wegen des Todes des Herzogs von Nieder-Lothringen entstanden, noch Zeit genug zur Jagd gelassen haben.

Am 25. September des Jahres 1044 ist er in Aachen. Dann entzieht er sich für volle drei Monate unsern Blicken, um erst Weihnachten in Speier zu erscheinen.

In der Mitte April (7.—26. April) des Jahres 1045 verweilt er mehrere Wochen im Harz — es war gerade die beste Zeit für die Jagd auf Auerwild — am 7. April (Ostern) in Goslar und am 26. April in Bodfeld.

Zur Weihnachtszeit des Jahres 1045 und tief in den Januar des folgenden Jahres hinein finden wir ihn in der Pfalz zu Goslar, von wo er durch den am 24. Januar erfolgten Tod des Markgrafen Eberhard von Meissen abberufen wird.

Das Jahr 1046 und der Anfang des Jahres 1047 bringen den Zug nach Italien.

Gegen Ende Juni des Jahres 1047 ist Heinrich in der Mainzer Gegend.

Gegen Weihnachten des Jahres 1047 weilt er in Pöhlde; wahrscheinlich ist er schon seit Oktober dort gewesen, da wir über seinen sonstigen Verbleib in dieser Zeit keine Nachricht besitzen.

1048 hielt er sich mit seiner Gemahlin während der Monate Februar, März und Anfang April in Regensburg auf.

Für die zwei Monate August und September des Jahres 1048 fehlen genauere Daten für Heinrichs Aufenthalt. Erst am 29. September treffen wir ihn in Pöhlde. „In die Zwischenzeit ist die mit verstümmelter Datierung überlieferte Urk. St. 2353a mit Actum Botefeld, die durch den Rekognoszenten Gotebaldus auf die Zeit vom 19. April bis 21. Dezember eingeschränkt wird, zu versetzen. Aus ihrem Ausstellungsorte ist zu entnehmen, dass der Kaiser den Spätsommer in den sächsischen Pfalzen verbracht hat“[1]).

Heinrichs Anwesenheit in Pöhlde ist noch bis zum 2. Oktober bezeugt.

Am 19. November finden wir ihn in Speier und am 1. Dezember in Worms. In Speier schenkt er dem Bischof Arnold von Worms einen Wildbann bei Wimpfen und Tauberbischofsheim.

Im folgenden Jahre verlebt er den Anfang des Monats Februar in Regensburg (1.—15.).

Mitte März ist er in Goslar, wo er in der Umgegend bis zum 16. April verbleibt.

Anfang Dezember hält der König sich in Strassburg auf. Vielleicht wird er den Papst, den wir schon am 10. November in Strassburg wissen, dorthin begleitet haben.

Das Weihnachtsfest verbringt er in Pöhlde, wo er auch noch bis zum 13. Januar verbleibt; die zweite Hälfte des Februar und den Anfang März ist er in Goslar.

Vom 16. September 1050 bis Ende Dezember ist sein Aufenthalt in Goslar häufig bezeugt; ein Thronerbe wird ihm hier geboren, und wahrscheinlich hat der Kaiser dort ununterbrochen Hof gehalten.

1051 feiert er das Weihnachtsfest in Goslar und verlebt noch die ersten Wochen des Januar in der Harzgegend. Am 17. Januar sehen wir ihn auf der Jagdpfalz Hasselfelde.

---

[1]) Müller: Itinerar Heinrichs III. p. 72.

Die drei letzten Monate des Jahres 1053 verbringt der Kaiser in der Gegend von Tribur und Worms.

Im vorhergehenden haben wir die längeren Aufenthalte des Kaisers ohne jeden weiteren Kommentar wiedergegeben. Dass in vorgenannten Orten die Gelegenheit zur Jagd nahe lag und auch benutzt wurde, darüber können wir nur auf die Beschreibung der einzelnen Pfalzen verweisen.

Die schattigen Bergwälder des Harzes mag der Kaiser auch im Anfang des Sommers aufgesucht haben. Vom 17. Mai bis 6. Juni 1053 weilt er in Goslar. Vom 5. August bis zum 15. Oktober ist der Kaiser schon wieder in Goslar.

Anfangs April 1054 feiert er das Osterfest in Mainz und bleibt dort vom 3. April bis 12. April.

Das Weihnachtsfest des Jahres 1054 bringt ihn wieder nach Goslar, wo er dann auch bis Mitte Januar bleibt.

Im Jahre 1055 zieht er nach Italien.

Nachdem er im Jahre 1056 am 7. April das Osterfest in Paderborn begangen hat, treffen wir ihn am 6. bis 16. Mai in Goslar. Dortselbst schenkt er dem Bischof Konrad von Speier den Lusshard-Wald.

Dass die Jagd eine Lustbarkeit war, welche zu jeder Zeit eine willkommene Unterbrechung bot, bei manchen Gelegenheiten sogar, wo sie uns jetzt unverständlich ist, sehen wir daraus, dass sich Jagden an die Feierlichkeiten bei der Einweihung des Domes in der Nähe der Kaiserpfalz in Goslar und des Stifts auf dem St. Petersberge durch den Papst Victor II. anschlossen. Die Einweihung wird am 8. September vollzogen, und vom 15. September ab finden die Jagden im Harz von dem Jagdschlosse Bodfeld aus statt.

Heinrich III. findet auf der Jagd seinen Tod, am 5. Oktober 1056; — er soll sich auf der Jagd zu sehr erhitzt und zu viel gebratene Hirschleber gegessen haben.

Wenn wir die am Schlusse angehängte Tabelle über die längeren Aufenthalte Heinrichs III. betrachten, so springt uns mit ungeahnter Deutlichkeit das Gesetzmässige in den Wanderungen dieses Kaisers entgegen. Was wir von Konrad II. sagten, dass der Harz Herbst- und Winteraufenthalt und Haupt-Jagdterrain gewesen sei, das gilt in noch grösserem Masse von Heinrich III. Die Aufenthalte im Harze sind noch viel häufiger, besonders zur Winter- und Herbstzeit, während wir in den übrigen Jahreszeiten ihn kaum dort treffen.

Im Sommer finden wir ihn häufiger in den Rheinlanden, in Mainz, in der Dreieich, in Strassburg und Aachen. Es ist natürlich, dass gerade für die Sommerzeit längere Aufenthalte schlecht nachzuweisen sind, weil das Reisen dann leichter war. Im Winter scheint dagegen das Hoflager fester gewesen zu sein. Reisen zur Winterzeit sind lästiger, wie ja auch das Sprichwort auf der Wartburg sagt:

„Winterzeit!
Fahrender Helden Leid!"

Der Aufenthalt im Frühjahr zeigt am wenigsten ausgesprochenen Charakter. Wir finden allerdings einigemale Nymwegen erwähnt, dagegen noch öfters Regensburg und Mainz.

Überraschend ist also die Ähnlichkeit der Itinerare der beiden Könige.

Heinrich IV.

Heinrich IV. wurde 1050 geboren; mit 16 Jahren heiratete er schon. Er mag nach der Sitte der damaligen Zeit als halberwachsener Jüngling mit zur Jagd gezogen sein. Dass die Züge der Hofhaltung aber von dem eigenen Willen des Kaisers bestimmt wurden, daran kann man höchstens von der Zeit seiner Vermählung an denken. Was die Vorliebe des Kaisers zur Jagd angeht, so werden ihm, wie schon früher gesagt, von Geschichtschreibern heftige Vorwürfe gemacht. Die Jahre seiner Jugend übergehen wir aus dem genannten Grunde.

Im Jahre 1065 hält Heinrich IV. sich von Mitte Dezember bis zum 20. Februar des folgenden Jahres in der Gegend der Dreieich auf. Wir finden ihn in Ingelheim, Mainz, Tribur und Worms.

Im März weilt er längere Zeit in Aachen.

In den Sommer fällt auf den Monat Juli seine Vermählung; wir haben alsdann für den Rest des Jahres nur dürftige Nachrichten.

Den Juni und Juli des folgenden Jahres verlebt er in Speier und Mainz.

Vom 11. November bis 24. Dezember ist der König in Goslar, wo er auch das Weihnachtsfest feiert.

Im Juni 1068 ist er in Mainz, wo er wohl noch den Juli und Anfang August in der Umgegend von Mainz längeren Aufenthalt genommen hat.

Im September weilt er längere Zeit in Augsburg.

Dezember und Januar finden wir ihn einige Zeit in Goslar. Der Zug gegen die Liutizen beginnt erst im Februar.

August und September 1069 hält er sich in der Gegend der Dreieich, in Tribur und Frankfurt auf.

November und Dezember ist er im Harz, wo wir ihn auch im April des folgenden Jahres wiedertreffen (1070).

Im Juni 1070 tagt eine Fürstenversammlung in Mainz.

Den ganzen Herbst verbringt er in Goslar, wo er noch im Anfange des Jahres 1071 weilt.

Im Mai ist er in Lüttich und im August in der Gegend von Mainz.

Ende November bezieht er sein Winterquartier in Goslar, wogegen er Weihnachten wieder in Worms feiert.

Es ist seltsam, dass längere Aufenthalte bei Heinrich IV. schlecht nachzuweisen sind. Er wechselt den Ort viel häufiger als seine Vorgänger. Sein Leben ist ein viel unruhigeres, was sich durch seine häufigen Feldzüge, seine Streitigkeiten mit den Fürsten und der Kirche erklärt.

Die Fastenzeit des Jahres 1072 verbringt er in Goslar (März).

Im Juli treffen wir ihn in Worms. Hier scheint er sich lange Zeit aufgehalten zu haben. Erst gegen Weihnachten ist er in Bamberg zu finden. In der Regensburger und Augsburger Gegend hält er sich auf in der Zeit von Ostern bis Pfingsten (31. März O. bis 19. Mai Pf.).

Von Mitte Juli bis 9. August ist er auf der Harzburg, so er von den sächsischen Fürsten bedrängt wird. In Goslar ist seine Anwesenheit schon am 29. Juni bezeugt.

Ende Oktober verweilt er in Würzburg, im Monat November in Nürnberg und Regensburg.

Im Dezember ist er in der Gegend von Worms. Hier finden wir ihn noch am 18. Januar des Jahres 1074.

Für das Jahr 1074 können wir vom Februar bis Mitte März einen längeren Aufenthalt in Goslar nachweisen.

Im Frühjahr, in der ersten Hälfte des April, ist er in Worms, während er den Sommer wieder in den Rheingegenden verbringt. So finden wir ihn im Juni in Mainz, wo er auch Pfingsten feiert.

Im Herbst weilt er längere Zeit in Worms. Hier nimmt er auch im folgenden Jahre 1075 längeren Aufenthalt, welcher zur Kriegsrüstung gegen die Sachsen benutzt wird (5. April bis 28. Mai).

Das Weihnachtsfest begeht er in Goslar, wo wir ihn auch noch im Anfange 1076 treffen.

Im Mai ist er wieder in Worms und am 29. Juni ebenfalls. In der Zwischenzeit wird er sich auch in dieser Gegend aufgehalten haben. Von Ende August bis Ende Dezember verweilt er in Worms, Oppenheim und Speier.

Erst im Jahre 1078 ist ein längerer Aufenthalt in Regensburg zu vermuten, wo er auch während des Pfingstfestes bleibt. Wahrscheinlich ist er einige Monate hier geblieben.

1079 verbringt er Ende Januar und den ganzen Februar in Mainz und Speier.

Fester zu bestimmen ist der Aufenthalt in Regensburg, vom 12. Mai bis 23. Juli.

Im August ist er in Nürnberg und Würzburg.

In Mainz verlebt er Weihnachten und den Anfang des Jahres 1080.

Im Frühjahr ist er längere Zeit in Regensburg (Februar-März).

Einige Wochen bringt er im Juni in Mainz zu.

Der Aufenthalt in Mainz wird zur Rüstung benutzt, wiederum gegen die Sachsen.

In den Jahren 1081—1084 verweilt er meistens in Italien.

Juli und August 1085 ist er in Sachsen. Zu vermuten ist, dass er diese Zeit in den Harzgegenden verbringt.

Von Ende Dezember bis 14. Januar 1086 finden wir ihn in Worms mit neuen Rüstungen zu einem Sachsenkriege beschäftigt.

Den ganzen April bleibt er in Regensburg.

Einen längeren Aufenthalt wird er 1087 im Mai in Aachen genommen haben.

Vom November an finden wir ihn bis zum Schlusse des Jahres in Utrecht beziehungsweise Aachen.

In letzterer Stadt hält er sich noch tief im Frühjahr 1088 auf; am 29. April ist er noch hier nachzuweisen.

1089 feiert er am 20. Mai in Cöln seine Vermählung mit Adelheid, und noch am 9. August weilt er in der Rheingegend und zwar in Mainz.

Mitte Februar 1090 ist eine längere Anwesenheit in Speier zu verzeichnen.

Gegen Ende März bricht er zu seinem dritten Römerzuge auf.

Erst im Jahre 1097 finden wir ihn wieder auf deutschem Boden, und zwar verweilt er drei Wochen im Mai und Juni in Regensburg. Auch in Nürnberg ist er im Monat Juli mehrere Wochen.

September bis November bringt er dagegen in Speier zu; am 1. Dezember treffen wir ihn noch in Mainz, am 1. Januar 1098 wiederum in Mainz und erst im Februar in Aachen.

Auffällig ist jetzt der längere Verbleib des Kaisers in der Rheingegend; schon Giesebrecht[1]) hat darauf aufmerksam gemacht. Bis zum Schlusse der Regierung kommt er nicht mehr aus dieser Gegend fort, falls nicht gerade besondere Angelegenheiten ihn von hier fortrufen. Man könnte hierin einen psychologischen Zug sehen, indem der Mensch noch gegen Ende seines Lebens diejenigen Orte aufsucht, welche ihm am meisten ans Herz gewachsen sind. Während die beiden Vorgänger eine Vorliebe für den Harz zeigen, hat Heinrich IV. eine grosse Sympathie für die Rheingegend. Bei dieser Erwägung ist jedoch nicht ausser acht zu lassen, dass die Sachsen ihm den Aufenthalt in ihrem Lande verleidet hatten.

Wir kennen für das Jahr 1098 auch Aufenthalte in Aachen und in Cöln; bis zum Schlusse des Jahres scheint er vom Niederrhein nicht mehr fortgegangen zu sein. In Aachen findet im Januar die feierliche Krönung seines Sohnes statt.

Es ist auffallend, aber wohl erklärlich, dass die Zahl der Städte, für welche Aufenthalte urkundlich festgestellt sind, von 1098 bis zum Schlusse seines Lebens viel geringer ist, als etwa von 1060 bis 1086. Mit zunehmendem Alter wird dem Kaiser das Reisen lästiger.

---

[1]) Geschichte der Deutschen Kaiserzeit III. p. 688, Note.

Im Jahre 1098 war er allerdings erst 48 Jahre alt. Aber ein so wechselreiches Leben, wie das seinige, macht doppelt rasch alt. Für das Jahr 1098 finden wir im ganzen nur fünf Aufenthaltsorte angegeben, während z. B. für das Jahr 1077 nicht weniger als 27 genannt werden.

In Mainz und Speier verweilt er von Anfang November den Herbst und Winter hindurch. Mainz spielt in der Folge etwa dieselbe Rolle als bevorzugter Ort, wie bei den früheren Kaisern Goslar.

Für das Jahr 1100 ist er kaum irgendwo anders nachzuweisen als in Mainz, dem Lieblingsaufenthalte. Hier verweilt er auch die ersten Monate des Jahres 1101.

Nach dem Zuge gegen den Grafen Heinrich von Limburg finden wir ihn längere Zeit in Aachen, worauf er Weihnachten wieder in Mainz verbringt.

Speier und Mainz sind auch 1102 diejenigen Orte auf deutschem Boden, an welchen er längere Zeit, die durch den Feldzug gegen Flandern unterbrochen wird, weilt.

Für die folgenden Jahre wiederholen sich Mainz und Speier mit eintöniger Regelmässigkeit. Nur wo Staatsgeschäfte rufen, z. B. der Feldzug gegen Flandern 1103, entfernt er sich aus dieser Gegend.

Das unglückliche Jahr 1105 ist natürlich wechselreicher durch die Zwistigkeiten mit seinem Sohne, und ebenso ist auch von dem Todesjahr 1106 nichts für unseren Zweck zu erwähnen.

Wir haben früher schon bemerkt, dass zwischen den Itineraren Konrads II. und Heinrichs III. grosse Ähnlichkeit ist. Ihr Lieblingsaufenthalt ist der Harz. Bei Heinrich IV. ist es die Gegend am Mittelrhein. Der Harz kommt allerdings auch öfters in Frage, besonders im Anfange seiner Regierung. Aber auch hier hat er mit dem Mittelrhein zu kämpfen. Der Grund dafür mag zu suchen sein zuerst in politischen Faktoren, dann aber auch im Charakter des Kaisers selbst. Im Anfang der Regierung wird der Harz noch öfters besucht; er wandelt gleichsam auf den Spuren seines Vaters und Grossvaters. Wie er älter wird, um so mehr tritt der Mittelrhein in den Vordergrund; nach der letzten italienischen Reise beherrscht er alles. Auch mochte ja das mildere Klima des Westens dem an Italien gewöhnten Körper des Kaisers mehr zusagen. Unter 36

Aufenthalten, die wir für die Sommermonate notiert haben, finden wir 23 für den Mittelrhein. Im Mai, spätestens im Juni, suchte der Kaiser die Gegend am Mittelrhein zu erreichen.

Heinrich V.

Im Frühjahr 1106 feiert Heinrich V. das Osterfest (25. März) in Aachen und hält sich dort längere Zeit auf, nachdem sein Angriff auf die Stadt Cöln missglückt ist.

Den Monat Dezember desselben Jahres weilt er in Regensburg, ebenso noch die erste Hälfte des Monats Januar 1107.

Von dort zieht er nach Sachsen; am 5. Februar treffen wir ihn in Merseburg und kurz darauf in Goslar, wo er noch im Monat März ist.

Am 14. April begeht er die Feier des Osterfestes in Mainz; am 2. Mai noch ist seine Anwesenheit für diesen Ort bezeugt.

Nach einem kurzen Aufenthalte in Lothringen finden wir ihn wieder in Goslar, und zwar am 26. Juli. Den ganzen Monat August und einen grossen Teil vom Monat September verweilt er in dieser Gegend.

Sodann bricht im November 1107 der Zug gegen den Grafen Robert von Flandern auf. Den Monat Dezember und den Anfang des folgenden Jahres verbringt er in der Aachener Gegend. Er ist am 23. Dezember in Lüttich und dann zum Weihnachtsfeste in Aachen.

Vom 28. Januar bis Anfang April 1108 ist er in Mainz zu treffen, wo er am 5. April das Osterfest feiert.

Nach einem Zuge nach Nürnberg, wo er am 1. Mai ist, sehen wir ihn schon am 17. Mai in Goslar, wo er dann fortwährend bis Anfang Juli in der Harzgegend bleibt; nur am 30. Mai ist er in Merseburg.

Für die vier ersten Monate des Jahres 1109 wird durch eine Urkunde sein Aufenthalt für Maastricht bezeugt.

Weihnachten 1109 und teilweise den Januar 1110 verbringt er in Bamberg; am 1. Februar weilt er in Regensburg; den ganzen Monat und vielleicht auch den Anfang des folgenden Monats wird er dort verbracht haben.

Frühling und Sommer des Jahres 1110 verlebt er am Mittelrhein, um von dort seinen Zug nach Italien anzutreten. Das Osterfest feiert er in Mainz, am 22. Mai ist er in Speier, am 12. Juni in Worms, am 25. Juli in Mainz und am 16. August wiederum in Speier.

Sommer und Herbst des Jahres 1111 bringt er in der Rheingegend von Mainz bis Strassburg zu: 8. August Speier, 15. August Mainz, 26. August Worms, 4. September Mainz, 24. September Strassburg, 2. Oktober Strassburg, 22. Oktober Mainz. Den Winter 1111—12 hindurch ist er in der Harzgegend zu treffen, Weihnachten in Goslar, und noch am 26. März 1112 weilt er an letztgenanntem Orte.

Vom Monat Juli des Jahres 1112 das ganze Jahr hindurch und die ersten Monate des folgenden Jahres 1113 noch (am 6. April O. in Worms) finden wir ihn ununterbrochen am Mittelrhein.

Nach einem kurzen Aufenthalt in Sachsen lenkt er wieder seine Reise nach Speier. Dort sehen wir ihn am 29. August, und der nächstfolgende bekannte Aufenthalt ist am 11. November in Metz.

Am 7. Januar vollzieht er in Mainz seine eheliche Verbindung mit Adelheid, der Tochter des englischen Königs. Hieran schliesst sich ein Aufenthalt in dieser Gegend bis in den Februar hinein.

Am Ende des Jahres 1114 und am Anfang 1115 hält er sich in Sachsen auf, wo er in einen Krieg mit den Sachsen verwickelt ist.

Dann verlässt er Sachsen und zieht an den Rhein. Ostern feiert er in Mainz, und er scheint aus dieser Gegend nicht fortgegangen zu sein. Am 1. November ist er in Mainz, am 13. Dezember in Speier und Weihnachten, sowie Januar des Jahres 1116 in Speier.

Ende Februar reist er nach Italien zur Regelung der Mathildischen Angelegenheit.

Das Jahr 1117 verbleibt er in Italien und kehrt erst Herbst 1118 nach Deutschland zurück.

Den Anfang des Jahres 1119 verbringt er in der Gegend der Dreieich, woselbst in Tribur am 24. Juni eine Reichsversammlung stattfindet.

Am 21. November ist er in Maastricht und einige Tage später in Aachen. Dann begibt er sich nach Sachsen, welches er nach der Schlacht am Welfesholze nicht mehr betreten hatte. Am 20. Januar ist er in Goslar, und sicher hat er dort auch den Februar und teilweise den Monat März verbracht.

Für das Ende dieses Jahres ist sein Aufenthalt nicht so genau zu bestimmen; vielleicht ist er in der Gegend von Regensburg gewesen; in den ersten Monaten des Jahres 1121 macht er eine Rundreise durch Bayern und Schwaben.

Am 1. November 1121 treffen wir ihn in Regensburg; vielleicht ist er hier den ganzen November und den grössten Teil vom Monat Januar gewesen, auf jeden Fall ist er in Bayern geblieben. Am 1. Februar ist er in Würzburg.

Diesem Aufenthalt folgt einer in Aachen; er ist hier bezeugt für den 26. März (Ostern) und 25. April. Lüttich sucht er nach dieser Zeit auch auf.

Das Pfingstfest feiert er am 26. Mai in Utrecht, wo er noch am 2. Juni weilt.

Im Dezember dieses Jahres geht er nach Speier und bleibt dann in dieser Gegend bis zum Juli des folgenden Jahres abwechselnd in Speier und Strassburg (Speier 28. Dezember, 10. Februar, 25. März, Neuhausen bei Worms 5. März, 8. Mai, Strassburg 23. und 24. Januar, 27. Juni).

Den Winter des Jahres 1123 verlebt er in Nieder-Lothringen und in der Aachener Gegend.

In der Bamberger Gegend finden wir ihn im April und Mai des Jahres 1124 (25. April, 4. Mai).

Darauf ist er am 30. Mai in Worms, woselbst wir ihn noch am 25. Juli treffen.

In der letzten Zeit seines Lebens wird er von einer schweren Krankheit befallen; daher ist sein längerer Aufenthalt für unsere Zwecke von nicht allzu grosser Bedeutung. Den Dezember des Jahres 1124 und den Januar des folgenden Jahres ist er in Strassburg.

Im März und April weilt er in der Aachener Gegend, von wo er dann trotz seines schweren Leidens sich auf den Weg nach Nymwegen macht. In Utrecht ereilte ihn am 23. Mai der Tod.

Wie Konrad II. und Heinrich III. zusammengehören, so zeigen anderseits Heinrich IV. und Heinrich V. eine Verwandtschaft des Itinerars, da bei den beiden letzten ein Aufenthalt in den Rheingegenden vorherrscht.

Im Winter finden wir den Kaiser zwar zuweilen im Harz, auch öfters in Regensburg, meistens jedoch am Mittelrhein beziehungsweise in Strassburg und Aachen. Die wenigen

Nachrichten, die wir über seinen Aufenthalt im Herbst haben, beziehen sich fast ausschliesslich auf den Mittelrhein, und ebenso tritt dieser durchaus in den Vordergrund für Frühjahr und Sommer.

Schluss.

Wir stehen am Schlusse unserer Arbeit. Im vorhergehenden haben wir diejenigen Nachrichten gesammelt, welche sich auf die Jagdliebhaberei der salischen Kaiser beziehen, und glauben auch diejenigen Gründe vorgebracht zu haben, welche man dafür anführen kann, dass die Pfalzen in erster Linie mit als Jagdaufenthalte dienten. Dass auch andere Gründe mitsprechen, leugnen wir ja durchaus nicht. Es liegt uns fern, jeden Aufenthalt in Verbindung mit der Jagd zu bringen. Die Städte als Brennpunkte der Kultur, die übrigen Pfalzen als Mittelpunkte der Bewirtschaftung der kaiserlichen Güter und Sammelstätte der Naturalabgaben spielen auch eine Rolle. Dennoch bleibt die Jagd in einer von politischen und religiösen Wirrnissen erfüllten Zeit, wie derjenigen, welche wir behandelt haben, naturgemäss diejenige Erholung, auf welche sich vorzugsweise das Interesse vereinigte.

Konrad II.

	1024	1025	1026	1027	1028	1029	1030	1031	1032	1033	1034	1035	1036	1037	1038	1039
Januar												Harz		—		
Februar			—	Italien				Harz			Mittelrhein					
März									Mittelrhein							
April				—												
Mai					Aachen			Nymwegen		Nymwegen	Regensburg				Italien	
Juni												Bamberg	Nymwegen			Utrecht †
Juli			Italien											Italien		
August						Mittelrhein							Mittelrhein		—	
September		Mittelrhein			Harz			Harz								
Oktober	Nymwegen										Harz		Harz			
November		Harz					Harz			Sachsen						
Dezember																

Heinrich III.

	1039	1040	1041	1042	1043	1044	1045	1046	1047	1048	1049	1050	1051	1052	1053	1054	1055	1056
Januar																	Harz	
Februar			Aachen bezw. Maastricht		Harz	Harz		Harz	Italien		Regsburg	Harz		Harz				
März		Mittelrhein							—	Regensburg	Harz							
April						Nymwegen	Harz									Mittel-rhein	—	
Mai			Mittelrhein												Harz			Harz
Juni									Mittel-rhein									
Juli			Harz															
August	Aach. Maast.										Mittelrhein						Italien	
September	Harz					Aach.		—		Harz					Harz			Harz †
Oktober																		
November		Harz			Vermähl. Ingelh.			Italien	Harz		Mittel-rhein	Harz		Mittelrhein			—	
Dezember				Harz	Trier	Mittel-rhein	Harz			Mittelrhein	Harz		Harz			Harz		

Heinrich IV.

	1066	1067	1068	1069	1070	1071	1072	1073	1074	1075	1076	1077	1078	1079	1080	1081	1082	1083	1084	1085
Januar	Mittelrhein			Harz		Harz			Mittel-rhein		Harz			Mittelrhein	Mittel-rhein	Italien	Italien	Italien	Italien	
Februar									Harz						Regs.-burg					
März	Aach.						Harz													
April					Harz			Regensburg Augsburg	Mittel-rhein	Mittelrhein										
Mai						Lütt.					Mittelrhein		Regs.-burg	Regensburg						
Juni		Mittelrhein	Mittel-rhein		Mittel-rhein		Mittelrhein		Mittel-rhein						Mittel-rhein					
Juli	Ver-mähl.							Harz												Harz
August				Mittelrhein		Mittel-rhein					Mittelrhein			Würz-burg	Mittel-rhein					
September			Augs-burg		Harz															
Oktober								Würz-burg	Mittel-rhein											
November		Harz		Harz		Harz		Nürnb. Regsb.												
Dezember			Harz					Mittel-rhein		Harz										Mittel-rhein

Heinrich IV.

	1086	1087	1088	1089	1090	1091	1092	1093	1094	1095	1096	1097	1098	1099	1100	1101	1102	1103	1104	1105
Januar	Mittelrhein												Mittelrhein				Mittelrhein	Mittelrhein	Regensburg	
Februar			Aachen		Mittelrhein							Italien	Aach.	Aachen		Mittelrhein				
März					|															
April	Regsb.											|		Regsb.						Mittelrhein
Mai		Aach.											Mittelrhein							
Juni				Köln Vermählung								Regensburg				Aach.		Lüttich		
Juli					Italien	Italien	Italien	Italien	Italien	Italien	Italien	Nürnberg			Mittelrhein				Mittelrhein	
August																				Belagerung Würzburgs, Nürnberg
September													Köln							
Oktober																	Zug nach Flandern			
November		Utrecht										Mittelrhein		Mittelrhein						
Dezember		Aach.															Mittelrhein	Regsb.	Mittelrhein	

Heinrich V.

	1106	1107	1108	1109	1110	1111	1112	1113	1114	1115	1116	1117	1118	1119	1120	1121	1122	1123	1124	1125
Januar		Regsb.	Aach.		Bam-berg						Mittel-rhein						Regsb.			Mittel-rhein
Februar		Harz					Harz	Mittelrhein	Mittelrhein Vermählung	Harz	—				Harz				Aachen	
März	Aachen		Mittelrhein	Aachen und Maastricht	Regensburg	Italien														
April		Mittel-rhein												Mittelrhein			Aachen	Mittelrhein		Aachen
Mai						—							Italien						Bamberg	†
Juni			Harz		Mittelrhein												Utrecht			
Juli												Italien							Mittel-rhein	
August		Harz									Italien									
September					—	Mittelrhein		Mittelrhein		Mittelrhein										
Oktober							Mittelrhein						—							
November					Italien											Regensburg				
Dezember	Regsb.	Aach.		Bam-berg		Harz			Harz					Aachen	Regensburg		Mittel-rhein	Aachen	Mittel-rhein	

Druckfehler.

Seite 26 Anm. Z. 7 lies: sanguine.
„ 38 Z. 8 v. u. lies: Hohen.
„ 39 „ 13 lies: Hunsrück.
„ 48 „ 16 lies: — dass.
„ 77 „ 10 lies: unsere.
„ 81 „ 8 lies: ihren am.
„ 86 Anm. Z. 3 lies: Posthaec.

www.ingramcontent.com/pod-product-compliance
Lightning Source LLC
Chambersburg PA
CBHW021956290426
44108CB00012B/1092
* 9 7 8 3 9 5 5 6 4 4 4 2 0 *